千葉氏入門ブックレット 1

千葉常胤とその子どもたち

booklet of Chiba history

千葉氏顕彰会 編
協力/千葉氏サミット実行委員会

啓文社書房

CONTENTS

千葉常胤とその子どもたち

千葉氏入門ブックレット1

第3章　千葉氏こぼれ話

父と子から始まる「千葉」の新たな歴史

寿永元年（一一八二）将軍源頼朝に嫡子《ちゃくし》頼家が誕生した。この時千葉常胤は「お七夜の儀」を司《つかさど》り、子息六人（後に千葉六党と呼ばれる）は白の水干袴《すいかんはかま》でそれぞれ進物を持って庭に居並んだ。頼朝は、兄弟皆容貌にすぐれた武者と感嘆、集まった御家人たちも賞賛の声を上げたという。（吾妻鏡）

お七夜の儀
寿永元年(一一八二)
源頼朝嫡子
万寿(頼家)
千葉常胤
妻女
源頼朝妻女
政子
源頼朝
千葉胤正(長男)
相馬師常(次男)
武石胤盛(三男)
イラスト:尾野

はじめに

今年は千葉常胤生誕九〇〇年の記念すべき年です。これに因んで第二回の「千葉氏サミット」が開催されました。参加各首長は狩衣《かりぎぬ》姿で騎乗し、相馬野馬追いの騎馬武者十数頭が先導した行列も行われ、往時が偲ばれました。

さて、一昨年は千葉開府八百九十年を記念して『千葉一族入門事典』が刊行され、すでに三版を重ねております。そこで、本年は常胤とその子どもたちに焦点をあて、本書を発刊することとなりました。

九百年前に生まれた千葉常胤が大きく歴史に名を現わしたのは実に六十三歳の時でした。治承四年（一一八〇）以仁王《もちひとおう》に呼応するも石橋山の合戦に敗れて安房に逃れた頼朝を助け、房総の武士団を糾合して決起し、下総の国府に迎えた時からでした。以仁王の挙兵では出家していた常胤の一子日胤は以仁王と運命を共にしました。常胤はこの後二十年余の間、子息たち「千葉六党」と共に九州から東北まで転戦し、鎌倉幕府樹立に大きく貢献し、その中枢を担ったのです。現代であらばともかく、平安末期の人物としては誠に健康長寿を全うし、事を成した稀有の存在でありました。これによって千葉の街は関東でも有数の町となり、今日の発展の礎が築かれたのです。

本書には、千葉氏研究の第一人者である野口実先生をはじめ多くの先生方が筆を執ってくださいました。諸先生方には心より感謝申し上げます。また、本書の意義に賛同してくださり、出版に協賛して下さいました多くの方々にも、厚く御礼申し上げます。最後に、千葉市民はもとより、全国の皆様に千葉氏について関心を持ち、理解を深めて頂くことを願って、本書発刊のご挨拶とさせて戴きます。

千葉氏顕彰会会長　千葉 滋胤

第1章

「千葉」をおこした父

「千葉」をおこした父

千葉常胤《つねたね》

野口　実

千葉常重の嫡子として、平清盛・西行と同じ年に生まれた。源義朝に従ったが、平治の乱で義朝が敗れ、平家に通じた下総藤原氏の圧迫を受けた。義朝の子頼朝が反平家の兵を挙げると、子息や孫たちを率いていち早く応じ、源平の内乱では九州まで進み、奥州合戦では東海道大将軍となるなど、日本列島の各地を転戦し、鎌倉幕府の樹立に貢献した。こうして下総のみならず東北から南九州までの列島各地に広大な所領を得て幕府の筆頭御家人となり、千葉氏繁栄の基礎を築いた。

はじめに

千葉常胤は、鎌倉幕府の樹立に貢献した人物である。彼の本領の地が下総国千葉庄《ちばのしょう》（現在の千葉市中央区）であり、彼の子孫が下総・上総（両総）一帯に勢力を広げたことから、今でも地元における彼の人気は高い。かつては、封建社会における理想の武士の代表として「源頼朝に忠節を尽くし、純朴にして質実剛健」というイメージで語られることが多かった。しかし、常胤の活躍の真骨頂は、両総地方において一族内のイニシアチブを確立したのみならず、老体をいたわりつつ、陸奥から薩摩・大隅にいたる列島各地を転戦して内乱の戦後処理を行い、また、上洛して京都の治安維持にあたるなど、その広域性に見いだすことができる。

野口 実（のぐち みのる）

一九五一年、千葉市に生まれる。青山学院大学大学院文学研究科史学専攻博士課程修了（文学博士）。鹿児島経済大学教授、京都女子大学宗教・文化研究所教授などを経て、同大学名誉教授。著書は、『中世東国武士団の研究』（髙科書店、一九九四年）、『列島を翔ける平安武士 九州・京都・東国』（吉川弘文館、二〇一七年）など多数。

一　常胤の誕生

常胤は平清盛や西行と同じ、元永元年（一一一八）の生まれである。父は下総国の武士で国衙《こくが》の在庁官人《ざいちょうかんじん》（下総権介《しもうさごんのすけ》）であった千葉常重《つねしげ》、母は常陸国で千葉氏と同じ様な立場にあった豊田政幹《とよだまさもと》の娘である。

幼少期の常胤がどのような毎日を送っていたのかは、まったく伝えられるところがないが、主な生活の場が千葉庄（立荘前ならば千葉郷）であったことは間違いないだろう。当時の地方武士の子弟は京都に上って有力な権門《けんもん》に仕えるのが普通であったから、常胤も少年期の一定期間、都で暮らしたと思われる。また、彼の父の常重は下総国相馬郡《そうま》（現在の茨城県取手市・千葉県我孫子市など）を所領としていたから、ここで遊んだこともあっただろう。ちなみに、常胤の名が確実な史料に登場するのは、保延元年（一一三五）二月、常重からこの相馬御厨《みくりや》を伝領した時からである。

二　相馬御厨の成立

十一〜十二世紀間に、列島各地では律令的な地方行政組織が解体して、中世的な郡・郷や荘園が成立していった。相馬御厨も大治五年（一一三〇）六月、千葉常重が下総国相馬郡内の私領を伊勢内宮に寄進したことによって成立した荘園であった。

寄進の理由は受領《ずりょう》（国守）からの重い課役を逃れることにあった。この寄進によって常重は下司《げし》（地主）という所職を得て、現地の実質的な支配者としての立場を確保したのである。

三　源義朝の家人となる

ところが、保延二年（一一三六）にいたって、相馬御厨をめぐって、常胤の人生を左右するような重大問題が発生した。前年に下総守《しもうさのかみ》になった藤原親通《ちかみち》が、常重を公田官物《かんもつ》の未進（公領にかかる税の滞納）を理由に逮捕したあげく、准白布七二六反二丈五尺五寸を賦課してきたので、常重・常胤父子はやむなく相馬・立花《たちばな》（現在の千葉県東庄町）の私領を親通に進上せざるをえなくなってしまったのである。さらに、かねてより相馬の地の支配権の奪取を目論んでいた上総常澄《つねずみ》（常重の従兄弟）が、この機会をとらえ、当時坂東で勢力の拡張をはかっていた源義朝《よしとも》（頼朝の父）をかつぎだし、天養二年（一一四五）、義朝の名をもって相馬の地を伊勢内宮《ないくう》に寄進してしまったのである。

これに対して、すでに千葉氏の家督をついでいた常胤は、八丈絹・縫衣・砂金・藍摺布《あいずり》・上馬など、莫大な量の財貨を官物未済の弁済分として国庫に納めたので、相馬の地を返還され、相馬郡司に任命された。

これをうけた常胤は、早速、相馬の地を再び伊勢神宮に寄進する手続きをとった。この結果、相馬御厨は常胤と源義朝の寄進が競合する形になってしまった。しかし、伊勢神宮にとっては、それぞれの寄進の仲介にあたった関係者の利権に問題は生じても、神宮にとって安定的な収益が確保されさえすればよかったのである。

結局、この問題は常胤が源義朝と主従関係を結ぶことによって解決がはかられたらしい。常胤は義朝に在地支配の面で一定の譲歩を行うことと引き替えに、院権力を背景にした義朝の保護を得たのである。『保元物語』によると、保元の乱に際して、常胤は常澄の子の広常《ひろつね》とともに義朝に従って京都で戦っている。

四　源義宗の介入

相馬御厨をめぐるトラブルは、これで終わったのではなかった。平治の乱で源義朝が討たれると、相馬御厨は謀叛人の所領として国衙に没収されてしまったのである。常胤はこの土地が本来、千葉氏の所領であることを訴えて、ようやく国守が調査を始めるところまで漕ぎ着けたのだが、その裁定が下されないうちに、京武者《きょうむしゃ》である兵衛尉《ひょうえのじょう》源義宗《よしむね》（前九年の合戦で活躍した源頼義の弟頼清《よりきよ》の子孫）が相馬御厨の支配権を主張したのである。義宗は先に藤原親通が千葉氏から没収した御厨の譲渡書類を親通の次男親盛から譲られたと称する一方、千葉常胤や上総常澄が反逆者となった義朝の郎従《ろうじゅう》であったことを理由に、彼らの御厨に対する支配を否定したのである。

永暦二年（一一六一）正月、義宗は右のような論理に基いて、相馬の地を伊勢神宮の内外二宮に寄進した。これに対して常胤は、もはや国守への運動だけではどうにもならないと考え、中央における伝手を頼って右大臣藤原公能《きみよし》に働きかけ、公能から伊勢神宮の祭主《さいしゅ》に取り計らいを命じてもらうという手段を取る。そして、義宗の寄進に対抗して、同じ年の二月、自らも相馬御厨の内外二宮への寄進状を作成したのである。

この常胤の寄進はこうした工作が功を奏して、いったんは神宮の認めるところとなった。しかし、源義宗の側も負けてはおらず、その後も執拗な運動を展開し、寄進額の増加を条件として、ついに常胤の寄進の承認を破棄させ、神宮に自らの寄進を受け容れさせることに成功したのである。

義宗が最終的な勝者となりえた背景には、彼が高陽院《かやのいん》（藤原泰子《やすこ》・鳥羽院皇后）あるいは美福門院《びふくもんいん》（藤原得子《なりこ》・同）の侍長を務めるなど、中央権力と密着した存在であったことや、義宗に相馬御厨の証文を譲った藤原親盛の子息の親政《ちかまさ》が、平清盛の姉妹の一人を妻に迎えており、また親盛の娘（あるいは姪）が清盛の嫡子重盛との間に資盛《すけもり》をもうけていたことなど、多くの有利な条件の存在が指摘できる。

しかし、いずれにしても相馬御厨をめぐる永年の紛争は、千葉氏が先祖伝来の所領を失うことによってひとまず決着をみたのである。長寛元年（一一六三）政府は源義宗の支配を認める宣旨を下している。

こうして、常胤の永年にわたる努力は、まったく報われることのない結果に終わることになってしまったのである。

五　下総藤原氏の隆盛

十二世紀の後半、下総国に極めて特異な在地勢力が成立した。先に見た下総守藤原親通の子孫、いわゆる「下総藤原氏」である。

親通は保延元年（一一三五）から二期にわたって下総守をつとめ、次の国守にはその子息の親方《ちかかた》が成功《じょうごう》によって補任《ぶにん》されている。しかし、同じ国の受領を父子が三期にわたってつとめることは問題視されたようで、親方は、除目《じもく》（人事異動の儀式）に際して源氏に改姓する形をとっている。

親方の後を継いだ弟の親盛は、さすがに下総守にはなっていないが、「下総大夫《たいふ》」と呼ばれており、摂関家に仕えて京都で活動することが多かった。ここで京武者の源義宗と接触の機会を得たのであろう。

「下総藤原氏」の発展は、親盛の子親政（親正・親雅）の時代に頂点を迎える。親政は中央において皇嘉門院《こうかもんいん》（関白藤原忠通《ただみち》の娘聖子《きよこ》・崇徳《すとく》天皇の中宮）に仕えて判官代《ほうがんだい》の肩書を得る一方、前に述べたように、平家一門と二重の姻戚関係を結んだことを利しながら、千田庄《ちだ》（香取郡多古町）の「領家」（実質的な支配権を有する荘園領主）として下総国に留住《りゅうじゅう》（京都で活動しながらも経済基盤は地方に置く）するような形で在地支配を強めていったのである。

そうした中で、親政と結ぶことを得策と考える在地勢力が現れるのは当然の動きであろう。とくに千田庄とその周辺の橘庄（かつての立花郷、現在の千葉県東庄町）・匝瑳北条（匝瑳市）では、在地に分立していた両総平氏一族の原・金原《かなばら》・粟飯原《あいはら》氏などが、これに強く服属することになったと考えられる。また、この地域に接する皇嘉門院領三崎庄（銚子市）の在地領主である海上《うなかみ》（片岡）氏も、下総藤原氏と緊密な関係にあったようで、その権威を背景にして、千葉氏の世襲していた下総権介職を掌中に収める動きを見せた。このような下総藤原氏の勢力拡大は千葉氏の在地支配を大きく後退させた。その結果、平治の乱の後、相馬・立花の地は藤原氏から源義宗の手に帰することとなり、千葉氏の所領としてほぼ確認できるのは、本領の千葉庄のほか、わずかに下総国国分寺（市川市国分）と上総国堺郷（東金市）にとどまることとなる。また千田庄の原氏や三崎庄の海上氏の動きに見られるように、千葉氏は両総平氏一族内部における地位の低下も余儀なくされたのである。

ちなみに、当時、両総平氏の族長は上総国玉崎庄《たまさき》（長生郡一宮町・睦沢町）を本拠とする上総広常（常澄の子）であったが、下総藤原氏の存在は彼にとっても一族の統合をはかるうえで大きな障壁となった。治承三年（一一七九）十一月の平清盛によるクーデターの後、平家の有力家人伊藤忠清《ただきよ》が上総介《かずさのすけ》に任じられたことによって、広常が平家に対して不満を抱くようになると、藤原親政は、眼前の敵対者として明確に位置付けられることになるのである。

平治の乱後、坂東において発生した混乱の解消は、源頼朝の挙兵をまたなければならなかった。

六　源頼朝の房総半島上陸

治承四年（一一八〇）八月、伊豆に流されていた源頼朝が、平家打倒の兵を挙げた。頼朝は挙兵にあたって、南関東の有力武士団に参向を促しており、『延慶本平家物語《えんぎょうぼんへいけものがたり》』によると、上総広常・千葉常胤もこれに「左右《そう》なく領状（了承）」したが、彼らは渡海に支障があって、石橋山合戦には間に合わなかったのだという。

石橋山で政府（平家方）の軍勢に敗れた頼朝は、安房国平北郡《へいほくぐん》（千葉県鋸南町）に渡海し、ここで三浦氏一族らと合流して再起をはかった。九月のはじめ、安房の在地勢力を傘下に収めた頼朝は、上総に軍を進めた。

安房を出た頼朝は内湾沿いを北上したものと思われる。このとき、上総国の受領（上総介《かずさのすけ》）は平家の有力家人伊藤忠清であったから、当面の目的が上総国府（国衙）の制圧にあったことはいうまでもない。

一方、すでに頼朝への参向を約していた上総広常も対国衙の姿勢を明確にして、一族の統合をはかっていたものと思われる。『延慶本平家物語』によれば、広常は敵対する者は討ち、従う者は軍に加え、一万余騎を率いて上総国府に向かったという。

七　平家打倒の反乱に呼応する

このころ、下総でも千葉常胤が頼朝に呼応して蹶起《けっき》している。千葉氏の場合、前に述べた在地の状況のほか、この年の四月、平家打倒の令旨《りょうじ》を諸国に下して源頼政《よりまさ》とともに兵を挙げた高倉宮以仁王《もちひとおう》に、常胤の子息で近江三井寺《みいでら》（園城寺《おんじょうじ》）にいた律《りつ》上房日胤《じょうぼうにちいん》（頼朝の祈祷師であったという）が従い、平家軍と戦って討死にしているという具体的な事情が、その積極的な行動の背後にあった。また、常胤の六男胤頼《たねより》が長く在京して後白河院の姉である上西門院《じょうさいもんいん》（統子《むねこ》内親王）に仕え、頼朝に挙兵を勧めたといわれる文覚《もんがく》を師としていた。おそらく、常胤は日胤を通じて平家政権の末期的状況を知っていたのであろう。さらに、千葉庄が以仁王を猶子《ゆうし》にしていた八条院《はちじょういん》（暲子《あきこ》内親王・後白河院の妹）の荘園であったことも、彼を起ち上がらせた理由に加えることが出来よう。

九月十三日、千葉成胤《なりたね》（常胤の孫）と胤頼は今の市川市国府台《こうのだい》のあたりにあった下総国の目代《もくだい》の館《たち》を急襲。有勢の目代は必死に抗戦したが、ついに首級をあげられた。

鎌倉幕府の公的歴史書である『吾妻鏡』は、千葉氏による下総目代攻撃を、常胤が軍を率いて頼朝を迎えに上総に向かった場合、目代から背後を衝かれる危険があるので、後顧の憂いを断つために行なったと説明しているが、これは明らかに千葉氏独自の国衙に対する公然たる反乱としてとらえるべきものである。

こうして、上総国府（市原市）には、安房から北上する頼朝、一族を糾合した広常、下総から常胤と、三方から反乱軍が迫ることとなった。上総の国府には上総介伊藤忠清の目代として平重国《しげくに》（華厳《けごん》宗の復興者として名高い明恵《みょうえ》の父）がいた。重国は高倉院の武者所《むしゃどころ》にも仕えたことのある一流の武士であったが、防戦むなしく討ちとられることとなる。

八　千葉庄結城浜の合戦

こうして、頼朝は上総国府の占拠に成功したが、これに下総藤原氏が対決をこころみる。すなわち、平清盛と「その志を通じる」（『吾妻鏡』）藤原親政は、千葉常胤が一族を率いて上総に赴いた隙をついて、原・金原・粟飯原氏ら一千余騎の配下の武士たちを率いて、匝瑳北条内山の館（匝瑳市内山）を出、武射《むさ》の横路（山武市成東）、白井馬渡《しらいまわたり》の橋（佐倉市馬渡《まわたし》）を経て、千葉庄を襲ったのである。

千葉館（都川河畔に所在したと考えられる）で常胤の留守を預かっていたのは孫の成胤であった。成胤は僅かの手勢を率いて千葉庄結城浜《ゆうきはま》（千葉市中央区寒川町）で親政の軍を迎え撃ち、苦戦を強いられたが、上総国府で頼朝との参会を果たした常胤や上総広常の軍の来援を得て勝利を収め、親政は千田庄次浦館《つぎうら》（多古町次浦）に引き退いたという（『源平闘諍録《げんぺいとうじょうろく》』）。

一方、源頼朝は常胤に迎えられて結城浦から千葉庄に入り、ついで葛飾《かつしか》八幡・

真間《まま》（ともに市川市）を経て下総国府に到着する。この間、千田庄に逃亡していた藤原親政は千葉氏によって捕えられている。

この合戦は約半世紀にわたる下総藤原氏による千葉氏に対する圧迫に終止符を打つものであった。合戦の勝利は、六十三歳の常胤にとって感慨無量のものだっただろう。これによって両総平氏の一族もほぼ広常・常胤に同調することとなったのである。

九　両総平氏の族長となる

九月十七日、常胤は、頼朝を下総国衙に迎える儀式を行なった。下総権介であることから「千葉介《ちばのすけ》」と呼ばれる、国衙在庁の最有力者としての常胤が、東国行政権を以仁王から付与された頼朝の正当性を認めて、彼を迎え入れたことを示したのである。これによって常胤は、下総藤原氏の旧領の在地支配権を頼朝から認められ、下総最大の武士団としての地位を確立したのであった。

ちなみに、この時、常胤は、平治の乱に連坐して僅か生後五〇日で下総に流され、常胤のもとで成人した源頼隆（義朝の叔父義隆の子）を頼朝に引き合わせている。

この後、頼朝は「鷺沼《さぎぬま》御旅館」（習志野市鷺沼）にしばらく滞在し、ここで石橋山で四散した配下の武士たちや京都から頼朝の挙兵をきいて駆けつけた弟の全成《ぜんせい》を迎えている。

その後、武蔵国の武士団の参向をえた頼朝は、十月六日ついに相模に軍を進め、源氏ゆかりの地である鎌倉に入って、ここを本拠と定めた。『吾妻鏡』によると、これは千葉常胤の献策に従ったためであるという。

さらに頼朝は、富士川の合戦で平維盛《これもり》の率いる追討軍を甲斐源氏とともに破り、ついで反転して常陸の佐竹氏を討って、治承四年の末までにはほぼ南関東を制圧した。

木曽義仲の北陸道進撃の後も東国で地盤を固めることに専念した頼朝は、叔父にあたる志太義広《しだよしひろ》の起こした反乱をおさえて北関東に対する支配も不動のものとし、中央政府との交渉の結果、寿永二年（一一八三）十月、東海・東山両道諸国に対する支配権を公認する宣旨《せんじ》を与えられた。これによって公的に東国の支配者としての立場を確立した頼朝は、独裁者としての立場を明確に打ち出すようになる。

同年十二月に起きた上総広常の粛清はその具体的な現れである。両総一帯に広がる広常の遺領の多くは千葉常胤に与えられ、ここに常胤はついに両総平氏の族長としての地位を確立することになった。

その後、常胤は「老骨を顧みず」、一族を率いて木曽義仲・平家の追討に西国を転戦。文治元年（一一八五）正月には源範頼《のりより》の軍に属して鎮西《ちんぜい》（九州）に渡り、同年三月、壇ノ浦合戦で平家が滅亡した後には九州に留まって戦後処理にあたっている。

一〇　鎮西で戦後処理の軍政を行う

鎮西に進攻した範頼軍は、豊後・豊前を経略して宇佐八幡を掌中にし、さらに大宰府・博多をおさえるというルートをとったものとみられている。

範頼の参謀格であった常胤は孫の常秀《つねひで》らを伴って、大宰府《だざいふ》から肥前国小城郡《おぎ》（佐賀県小城市）、さらに海路を経て薩摩・大隅に軍を進めながら、平家滅亡後の戦後処理軍政を担った。このときの常胤の立場は、後の人たちに「鎮西守護人《ちんぜい》」と記憶されるようなものであり、大宰府の機能を利用することによつて、その権限を行使したらしい。ここでは、下総国の在庁官人としての行政経験が役に立ったことであろう。

その結果、常胤は、豊前国上毛《こうげ》郡成恒《なりつね》名（福岡県築上郡上毛町）、肥前国小城郡、薩摩国島津荘寄郡《よせごおり》五箇郡・国内没官御領四一一町（鹿児島県薩摩川内《せんだい》市など）、大隅国菱刈《ひしかり》郡入山村（伊佐市菱刈）に所領を獲得した。

ちなみに、鎮西において常胤の獲得した恩賞地のうち、豊前・薩摩・大隅の所領は常胤と行動を共にした孫の常秀に譲られ、肥前小城郡はのちの千葉《ちば》氏嫡流（千葉介《すけ》家）に伝領されることとなる。

一一　京都の治安を守る

文治三年（一一八七）八月、「洛中の狼藉は関東御家人の仕業《しわざ》である」という風評が立ったため、常胤は下河辺行平《しもこうべゆきひら》をともなって上洛し、京都の治安維持にあたっている。滞京は短期間だったが、大きな成果をあげたらしく、この時関東申次《もうしつぎ》の任にあった権中納言吉田（藤原）経房《つねふさ》は「彼の両人上洛以後は、洛中以《もって》の外静謐《せいひつ》なり、能々《よくよく》感じ仰せらるべきの旨に候なり」と頼朝に宛てた消息に記している。

常胤の子息たちが中央で活躍していたことを述べたが、常胤自身も在京出仕の経験は豊富であったものと思われる。そして、その間に培った、「一所傍輩《ほうばい》のネットワーク（人脈）」が、文治三年の京都における治安維持活動のみならず、内乱期における彼の列島規模での活躍に資するところ大なるものがあったことであろう。常胤はまた、三善康信《みよしやすのぶ》・足立遠元《あだちとおもと》ら京都と馴染みの深い御家人たちと酒宴の際、座を起って舞踊を披露するなど、芸道にも通じるところがあった。

ちなみに、常胤は、しばしば「純朴で質実剛健な東国武士」の代表的な存在と評される。その論拠されるのは、頼朝が京下りの吏僚である藤原俊兼の華美を戒めたときに、その対極的な存在として常胤と土肥実平《どひさねひら》の名をあげて、この両人が「教養はないが、富裕であるのに美麗を好まず、ひたすら勲功を励んでいる」のをほめたという『吾妻鏡』（元暦元年十一月二十一日条）の挿話であるが、実平も頼朝挙兵以前から在京経験が豊富で、常胤以上に京都や西国での政治的な活動が顕著な武士であった。したがって、ここでいう「教養」の水準も相対的な評価でしかなく、さらに純朴さや質実剛健を「東国」に結びつけて強調するのは穿ちすぎた見方といわざるを得ないであろう。

一二　東海道軍の大将軍をつとめる

文治五年（一一八九）、源頼朝は平泉藤原氏の征討を実行した。この奥州合戦に際し、下総守護たる常胤は常陸守護の八田知家《はったともいえ》とともに東海道大将軍として出陣。勲功賞を最前に拝領した。常胤やその子息たちの獲得した所領は、陸奥国好島《よしま》庄（福島県いわき市）・行方《なめかた》郡（福島県南相馬市周辺）・亘理《わたり》郡（宮城県亘理町）・高城《たかぎ》保（宮城県松島町周辺）など太平洋岸の一帯に分布しており、これらは彼の管轄地域における成果とみることができる。

こうして、治承四年の挙兵の段階には下総の一在地領主にすぎなかった常胤は、わずか十年足らずの間に、北は陸奥、南は薩摩にいたる列島各地に所領を有する大領主へと変貌をとげたのである。

一三　関東御家人の筆頭

鎌倉幕府には椀飯《おうばん》（埦飯・垸飯）献儀といって、年頭に有力御家人が将軍に祝膳を供する儀式があったが、頼朝在世中、それを常胤が元日につとめていたことから、彼が御家人の最上位にあったことが分かる。

建久元年（一一九〇）十月、常胤は頼朝の上洛に従い、いつものように後陣をつとめた。この上洛の間、常胤の孫常秀は祖父の譲りを得て左兵衛尉《さひょうえのじょう》に任じられている。同五年六月、常胤は東大寺戒壇院《かいだんいん》の造営を命じられたが、翌年、東大寺供養のために南都（奈良）に向かった頼朝の行列の後陣は子息の胤正がつとめている。

常胤と頼朝との情宜的関係はあついものがあり、文治元年（一一八五）正月、頼朝は平家追討軍中にある常胤を気遣って、弟範頼に宛てた書状に「千葉介ことに軍にも高名し候けり。大事にせられ候べし」との一文を加えている。一方、常胤は寿永元年（一一八二）八月の頼家誕生の際には妻（秩父重弘《ちちぶしげひろ》の娘）と六人の子息を相具して「七夜の儀」を沙汰している。建久三年（一一九二）八月の政所始《まんどころはじめ》の際、常胤が政所下文《くだしぶみ》による所領安堵に満足せず、頼朝本人の署名した下文を求めたのは有名な話である。

『吾妻鏡』建久六年（一一九五）十二月十二日条に、千葉常胤が「殊に由緒あり」という理由で美濃国蜂屋庄《はちや》（岐阜県美濃加茂市）の拝領を望んだ。結局この要求は実現されなかったが、その理由を頼朝が委曲を尽くして説明し、替地を与えることを約したので、常胤が感激、落涙したという話が記されている。

ここで常胤の主張した「由緒」とは、かつて上洛の途中に美濃で病死した平忠常《ただつね》（両総平氏の祖）の墳墓の存在を意味するようである。当地は上総広常滅亡後両総平氏の族長権を獲得した常胤にとり、その権威の裏付けとして是非とも確保しておきたい所領だったのではないだろうか。この話は、頼朝との信頼関係というよりも、常胤の政治的な周到さをうかがわせるものとして捉えるべきであろう。

おわりに―六十三歳からの栄光―

常胤は千葉庄の下司をつとめ、下総権介職を帯する国衙の有力在庁だったが、十二世紀後半以降、周辺の勢力から圧迫を受けて存立も危ぶまれるような状況にあった。ところが、治承四年（一一八〇）、頼朝の挙兵に呼応したことによって、わずか十年ほどの間に、列島各地に広大な所領を有する大武士団の長へと転身をとげることになったのである。

これ以後、千葉庄を本拠として下総権介職を世襲することから「千葉介《ちばのすけ》」を称する者がほぼ両総平氏族長の地位に立つことになる。常胤の人生において、治承四年は大きなターニングポイントであった。時に常胤は六十三歳。同い年の平清盛はこの翌年に世を去り、西行は既に俗世を離れて伊勢の二見浦に草庵をむすんでいた。

同年の清盛・西行が人生の終末を迎えたり、総仕上げにかかろうとしていたときに至って、常胤はようやく彼に課せられた歴史的使命に立ち向かい始めたといえよう。それから十年の間、常胤は全国を駈け巡って獅子奮迅の活躍を見せるのである。

その結果、彼は陸奥から薩摩・大隅に至る列島各地に多くの所領を獲得することになった。建久年間（一一九〇〜九九）頃までに、これらの所領は常胤の六人の子息（胤正《たねまさ》・師常《もろつね》＝相馬氏の祖・胤盛《たねもり》＝武石氏の祖・胤信《たねのぶ》＝大須賀氏の祖・胤通《たねみち》＝国分氏の祖・胤頼＝東《とう》氏の祖）並びに実質的に上総広常の立場を受け継いだ孫の常秀の手に分割継承されている。

　ちなみに、常胤の娘としては、常陸大掾《だいじょう》家の嫡流である多気直幹《たけなおもと》の妻（『千葉大系図』）、下野国一宮二荒山《ふたらさん》神社の社家をつとめた宇都宮朝綱《うつのみやともつな》の妻（『真名本曾我物語』）、下総の武士で奥州総奉行に任じた葛西清重《かさいきよしげ》の妻（『笠井系図』）の存在が伝えられている。婚家はいずれも、千葉氏の周辺勢力であり、彼女たちは千葉氏の在地における安定に貢献したことであろう。

　建仁元年（一二〇四）三月二十四日、常胤は八十四歳で没した。鎌倉時代以降、千葉氏の一族のほとんどが、「胤」を名の通字に用いるのは、常胤を共通の始祖と仰いだからである。

〈付記〉

本稿は、野口実編『治承～文治の内乱と鎌倉幕府の成立（中世の人物　京・鎌倉の時代編　第二巻）』（清文堂出版、二〇一四年）に収載した「千葉常胤─列島を転戦した清盛・西行と同い年の東国武士─」をベースにリライトしたものです。参考文献はこちらを御覧ください。

また、千葉常胤や当時の千葉氏の存在形態については、千葉市教育委員会発行の『千葉いまむかし』第九号（二〇一六年）に掲載された「十二世紀における千葉氏」、千葉歴史学会の機関誌『千葉史学』第七二号（二〇一八年）掲載の「千葉氏と京都─中世前期を中心に─」も御参照ください。

千葉常胤が駆け抜けた時代

一一一八～一二〇一　平安時代末期から鎌倉時代初期

常胤の生涯

大椎城《おおじじょう》(現在の千葉市緑区)で、千葉常重の長男として生まれる。

9歳 父と共に千葉城(現在の千葉市中央区)に移る。

18歳 父の跡を継ぎ、千葉家の当主となる。

38歳 源義朝《みなもとのよしとも》に従い、保元《ほうげん》の乱に参加する。

63歳 源頼朝の挙兵に応じて、一族をあげて参陣。下総国府《しもうさのこくふ》(現在の市川市国府台)で、頼朝と合流する。

67歳 頼朝の弟範頼《のりより》に従い、木曽義仲《きそよしなか》との戦い、一ノ谷の戦いに参加する。

68歳 範頼に従い九州に渡る。

70歳 下河辺行平と上洛し、京都の治安維持にあたる。

72歳 頼朝の命令により源義経《みなもとのよしつね》(頼朝の弟)、奥州藤原氏を討つため、奥州に出陣する。

73歳 頼朝が鎌倉から京都にのぼった時、一族をあげて従う。

77歳 東大寺戒壇院《かいだんいん》の造営を命じられる。

80歳 香取神宮を造営する。

84歳 亡くなる。

常胤の頃のできごと

一一一八 常胤生まれる。平清盛《たいらのきよもり》、西行《さいぎょう》も同年生まれ。

一一二四 中尊寺《ちゅうそんじ》の金色堂ができる。

一一五六 保元の乱が起こる。

一一六〇 源頼朝《みなもとのよりとも》が伊豆に流される。

一一八〇 福原に遷都する。

一一八一 平清盛が亡くなる(64歳)。

一一八五 平氏が滅びる。

一一八九 頼朝、奥州に出兵する。

一一九二 頼朝が征夷大将軍となる。

一一九九 頼朝が亡くなる(54歳)。

一二〇一 常胤、亡くなる。

第2章

「千葉」をひろげた息子たち

千葉本家の家督「千葉介」を継承

長男 千葉胤正《たねまさ》

石橋 一展

千葉胤正《たねまさ》は千葉常胤《つねたね》の嫡子《ちゃくし》として千葉本家の家督《かとく》＝「千葉介《ちばのすけ》」を継承した人物である。その卓越した武芸と人柄は頼朝の信頼を得て、京・鎌倉を問わずたびたび身辺の警護を仰せつかっている。また奥州の合戦では軍事指揮官としての才覚も示している。長命で、なおかつ鎌倉幕府創業の重鎮であった父の陰にあって、決して目立つ存在ではなかったが、彼もまた将軍源頼朝の側にあり、重要な働きをした御家人の一人といえよう。

はじめに

千葉胤正は常胤の嫡男である。母は秩父重弘《ちちぶしげひろ》の娘と言われている（『吾妻鏡』寿永元年八月十八日条）[1]。「胤政」と表記されることもあるが、使用例が多い「胤正」と表記していくことにする。胤正の生年月日について「千葉大系図《ちばおおけいず》」[2]は永治元年（一一四一）の四月一日とするが、それでは弟の相馬師常《そうまもろつね》の没年齢に齟齬をきたしてしまう。そのため、すでに先行研究[3]でも述べられているように、『本土寺過去帳《ほんどじかこちょう》』[4]の建仁二年（一二〇二）七月に六十七歳で没したと見るのが最も整合性があろう。すると、ここから逆算して生年は保延元年（一一三五）となる。月日は不明であるが、「千葉大系図」の四月一日が該当するかもしれない。

それでは、胤正が、常胤の後継者としての道をどのように歩んだのかを見ていこう。[5]

石橋 一展（いしばし かずひろ）
一九八一年栃木県生まれ。千葉大学大学院人文社会科学研究科単位取得退学。現在、野田市立七光台小学校教諭。千葉歴史学会所属。主な著書に『下総千葉氏』（編著、戎光祥出版 二〇一五年）、『室町遺文 関東編』第一巻（共著、東京堂出版 二〇一八年）など。

1 **『国史大系』**三二・三三（吉川弘文館 一九六四・六五年）。

2 **『房総叢書』**第五輯 複製版（東洋社 一九七二年）。

3 **岡田清一**「幕府政治の変転と房総の動向」（『千葉県の歴史』通史編中世 第一編第一章第五節 二〇〇七年）。

一　登場

胤正が記録類に登場するのは、治承《じしょう》・寿永《じゅえい》の内乱が始まらんとする治承四年（一一八〇）である。九月に頼朝から挙兵の要請を受けた父常胤を、弟胤頼《たねより》と説得する姿が『吾妻鏡』（治承四年九月九日条）に見える。千葉一族は、おそくとも九月十七日の段階では、頼朝軍に合流したと思われる。その後、十月三日には常胤より、上総の伊北常仲《いほうつねなか》を攻撃するよう厳命を受けている（『吾妻鏡』）。

また、同年十二月十二日には鎌倉の大倉《おおくら》に頼朝の御所が落成し、頼朝が上総介広常《かずさのすけひろつね》の屋敷から移動した際に、常胤や胤頼とともに供奉した。

このように、当初は常胤と共に、あるいは常胤を介して頼朝に仕えていた様子がわかる。しかし、次年以降、鎌倉幕府の礎が徐々に整い、頼朝周辺の御家人制度が形作られてくると、他の東国武士の子弟らとともに頼朝の身辺に仕えるようになる。

二　頼朝側近の御家人として

その初めは、治承五年四月七日に頼朝の寝所近辺を毎晩護衛する十一人の御家人のうちに任命されたことである（『吾妻鏡』）。この条件は武芸に秀でていることと、忠義に厚いことの二点であったが、胤正はその点において申し分ないと認められたのであろう。

寿永元年（一一八二）七月十二日には出産が近い北条政子が比企谷《ひきがやつ》の屋敷に輿で

4 **『千葉縣史料　中世篇　本土寺過去帳』**（一九八二年）。

5 以降挙げる文献以外にも、下記のものを参照した。野口実「東国政権と千葉氏」（同編著『千葉氏の研究』（名著出版　二〇〇〇年、初出一九七七年）、同「平胤正」（『平安時代史事典本編　下』（角川書店　一九九四年）、同「千葉常胤」（同編『治承〜文治の内乱と鎌倉幕府の成立』清文堂出版　二〇一四年）岡田清一「執権政治の展開と房総」（『千葉県の歴史』通史編中世　第一編第二章第一節　二〇〇七年）

移動する際に、警固している（『吾妻鏡』）。八月十一日の夜にはいよいよ政子が産気付き、頼朝や御家人が群集したという。頼朝は伊豆・箱根両権現と近隣の社に祈祷の依頼をしたが、その際、下総香取神宮へは胤正が派遣されている（『吾妻鏡』）。その際、その後無事に出産を終えたようで、同月十八日の御七夜は千葉常胤が取り仕切った。その際、常胤は胤正はじめ子息六人とともに白の水干袴を着用して接待に当たった。また胤正らの母も陪膳《ばいぜん》した。さらに胤正と師常が「甲」（鎧か）を献上したのをはじめ、馬や劍などをそれぞれ捧げたのであった。その姿は壮観で、頼朝はことのほか感じ入っていたという（『吾妻鏡』）。『吾妻鏡』における千葉氏の見せ場のひとつであろう。

なお、文治四年には、この時誕生した頼朝嫡男である頼家《よりいえ》の着甲始めの儀に、常胤や師常らとともに参加している。

さて、翌寿永二年には平家との戦いも佳境に入り、東国御家人は頼朝の弟である範頼《のりより》や義経の軍に編成されて、各地に転戦するようになる。当然、胤正も一族も軍に加わっている。それが確認されるのは一の谷の戦いの場面である。『平家物語』（延慶本《えんきょうぼん》）[6]では、合戦の参加者に常胤以外では、「同（千葉―筆者注）太郎胤時、同小太郎成胤《なりたね》、相馬小次郎師経、同五郎胤道《たねみち》、同六郎胤頼、武石三郎胤盛《たねもり》、大須賀四郎胤信《たねのぶ》」とある。胤正の名前はないが、書いてある位置といい、「太郎」の名といい、「太郎胤時」が胤正の誤記であると見てよいと思われる。ちなみにこの太郎

6 **北原保雄・小川栄一編**『延慶本　平家物語』本文篇（勉誠出版　一九九〇年）。

を冠する諱は平家物語の諸本でぶれがあり、例えば延慶本と同じ「読み本系」である「長門本《ながとぼん》」[7]では、「太郎経時」と表記されている。この様に、延慶本の表記が必ずしも唯一絶対のものとは言えず、そうである以上、この太郎を胤正であると想定することは許されるであろう。

さて、次に胤正の動向がクローズアップされるのは、文治《ぶんじ》三年（一一八七）、畠《はたけ》山重忠《やましげただ》が、代官の不正がもとで捕縛された事件のときである。胤正は重忠と従兄弟の関係であるため、彼を引き取った。しかし、重忠は自らの潔白を訴えようと、不眠絶食で数日が経過した。胤正は急ぎ頼朝に面会し、ことの次第を報告し、赦免を懇願した。頼朝は重忠の態度と胤正の説得に心を動かされ、重忠を宥免したという。胤正は急ぎ自分の邸宅（鎌倉弁谷《べんがやつ》か）に戻り、重忠に報告、同人を伴って再び御所に参上した。胤正が頼朝から一定の信頼を得ていたことが分かる。

三 「新介」胤正

「千葉大系図」によれば、文治三年九月に、従五位下《じゅごいのげ》、下総介《しもうさのすけ》に任じられたとある。さらに、これにより「新介《しんすけ》」と称され始めたという。「新介」とは、当時父常胤が名乗り、千葉氏の家督を意味する「千葉介」の時期候補者を示す呼称である。『吾妻鏡』の胤正の表記にはややぶれがあるものの、これまでの「太郎」「小太郎」「太郎胤正」などの表記から、文治三年九月の例の畠山重忠の件から「新介」「新介胤正」

7 **麻原美子・小井土守敏・佐藤智**『長門本　平家物語』一～四（勉誠出版二〇〇四～二〇〇六年）。

との表記にほぼ変更されており、一定の蓋然性が認められる（むろん「千葉大系図」の記述が『吾妻鏡』に影響されている可能性もある）。

さて、これに続く文治五・六年は千葉氏、胤正の発展にとって、大きな画期となる年となった。文治五年六月には源義経を匿った奥州藤原泰衡《やすひら》を討伐する準備がはじまり、千葉常胤が八田知家《はったともいえ》とともに「東海道大将軍《とうかいどうだいしょうぐん》」に任命された（『吾妻鏡』文治五年七月十七日条）。鎌倉からの本隊は同年七月十九日に出発し、胤正らも同行した常胤に率いられた軍は、八月十二日に多賀国府《たがこくふ》で頼朝軍と合流している（『吾妻鏡』）。この合戦により陸奥国岩城郡好島庄《よしまのしょう》などの諸職を受けたことは既知の通りである。

明くる年の一月には泰衡郎従であった大河兼任《おおかわかねとう》が出羽で反乱を起こす（『吾妻鏡』文治六年一月六日条）。『吾妻鏡』文治六年一月八日条には、常胤が「海道大将軍《かいどうだいしょうぐん》」に補されたと記されている。しかし、同十三日条には足利義兼《よしかね》が「追討使《ついとうし》」として下向するとともに、胤正が「一方大将軍」の補任を受けている。その後常胤のこの件に関する記述は見えないので、指揮官を常胤から胤正に交代されたと思われる。この点、さきの官途受領《かんとずりょう》の件と合わせて、胤正が文治三年に家督を継承したと考えることもできるが、常胤は死去の前年である正治二年（一二〇〇）正月二日までは垸飯《おうばん》を主催しており（『吾妻鏡』）、胤正が家督を継承したのは、「千葉大系図」にあるとおり、常胤が死去した正治三年に家督を継承したとみるのが自然であろう。文治三年は、その準備段階ととらえておきたい。

奥州へ大将軍として派遣されるにあたり、胤正は自身と同じ下総に基盤を持つ葛西清重《かさいきよしげ》を指揮下に入れたい旨を頼朝に言上した。頼朝はこの時奥州にいた清重に書状をもって申し含め、ほかに奥州に所領のある古庄能直《こしょうよしなお》・宮道国平《みやじくにひら》もこれに応じたという。胤正は清重の同行を望んだ理由として、①殊なる勇士であること、②上総国の合戦の際に共に戦ったことの二点を挙げているが、先行研究のいう通り[8]、頼朝の力を利用して、下総の武士である清重を影響下に置こうとしたのであろう。千葉氏は下総（権）介として、両総平氏では最有力の勢力であったが、それでも下総には葛西氏等他の有力御家人の所領も存在したので、一国をすべて支配できたわけではなかった。実際に、葛西氏は文治五年の奥州合戦でも常胤軍ではなく、鎌倉から進発する軍に入っており、千葉氏が同氏を影響下に置けていなかったことの証左であろう。

また、常胤は、分家して相馬氏や国分氏などと称されつつあった胤正の兄弟たちに軍事動員をかけることができたが、すでにそうした庶家が分立した状態の本家を継承する胤正にはその力はなく、勢力の確保が課題だったのであろう。なお、頼朝は胤正嫡男の小太郎（成胤）に「合戦においては先頭に進まず、身を慎むこと」という内容の御書を下している。千葉氏を思う、頼朝の気遣いを感じる一幕である。

そのような状況の中で、胤正は十分に活躍したといってよい。胤正は他の東国武

8 **岡田清一**「争乱の進展と両総」（『千葉県の歴史』通史編中世　第一編第一章第四節　二〇〇七年）。

士と協力して奥州泉田にて逆徒に攻撃を仕掛け、追い落としたあと、さらに平泉の衣河付近で反撃を試みた兼任軍を再度破り、壊滅させている。その後、兼任軍は足利軍に追い詰められ、ついに敗北、兼任は逃走している（『吾妻鏡』文治六年二月十三日条）。この件についての胤正や葛西清重による注進が、二月二十三日には鎌倉へ届いている（『吾妻鏡』）。また翌三月には逃亡中であった兼任は、栗原の樵夫らによって殺害されたという報告が胤正のもとに入り、胤正はこれを実検したという（『吾妻鏡』文治六年三月十日条）。

頼朝は、文治六年の十月に鎌倉を立ち、十一月七日入洛している。その随兵《ずいへい》として胤正が見える（『吾妻鏡』文治六年十一月七日条）。その後、頼朝が在京するあいだ、同九日の院への参内、十一日の六條若宮《ろくじょうわかみや》と石清水八幡宮《いわしみずはちまんぐう》参拝、同二十九日と十二月一日の院への参内（『吾妻鏡』文治六年各条）と、様々な場面で、胤正の扈従《こじゅう》が確認される。九日は頼朝が大納言に任命された日であり、記念すべき日に随行していたことも分かる。

頼朝は建久《けんきゅう》六年（一一九五年）三月にも上洛し、東大寺の落成供養に参加したが、ここでも先陣・後陣の随兵を務めている（『吾妻鏡』建久六年三月九・十日条）。

これ以外に東国でも、建久三年（一一九二）十一月二十五日の永福寺《ようふくじ》供養、建久五年八月八日の相模国日向山《さがみのくにひなたやま》参拝などへの随行が見られる（『吾妻鏡』各条）。また、「源頼朝善光寺御参随兵交名《きょうみょう》」によると、建久八年三月二十三日の信濃善光寺参拝への随行も見られる。[9] これが、文書史料に残る唯一の胤正の事績であろうか。

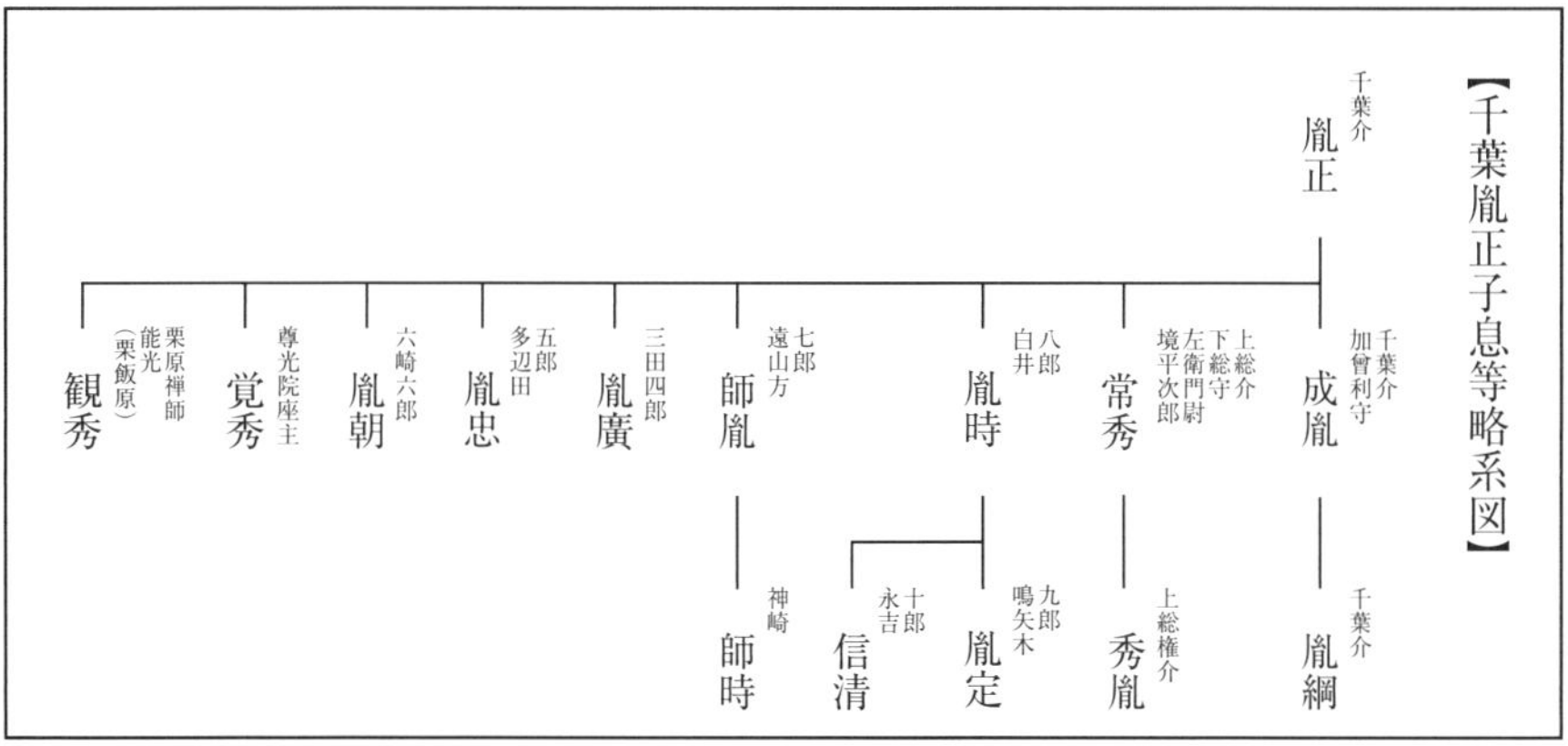

【千葉胤正子息等略系図】

四　胤正の子息たち

ここでは、千葉胤正の子息について見ていきたい。一説には十二人いたとされる子息たち（「千学集抜粋」[10]）であるが、系図によって異同があり、定かではない。よって、諸系図をもとにした略系図を作成し、系図以外の史料によっても動向が追える人物を中心に簡単に記述したい。

まず嫡男として家督を継承したのは成胤である。『吾妻鏡』にも父・祖父とともに登場し、軍役を務めている様子がうかがえる。特に下総の藤原親政《ふじわらのちかまさ》との戦いや奥州合戦、和田合戦《わだかっせん》での活躍が見える（「千学集抜粋」、『吾妻鏡』治承四年九月十三日・十四日・文治五年八月十二日・建暦《けんりゃく》三年五月三日各条）。養子であ

9 **「相良家文書」**一（『千葉県の歴史』資料編四　二〇〇三年）。

10 **『戦国遺文』**房総編　補遺（東京堂出版　二〇一六年）。これ以降、本文中に記載。

るとの記述も見える（「千学集抜粋」）。また、その弟（次男か）である常秀は境《さかい》平次郎《へいじろう》、上総介左衛門尉《かずさすけさえもんのじょう》と称され、上総国玉崎庄《たまさきのしょう》をはじめ、旧上総氏が有していた所領を継承した形跡がうかがえる。[11] 下総守にも任官しており、[12] 一時その勢力は宗家を超えるものとなった。

その他、明確に一次史料に登場する人物に白井《しろい》氏を称する千葉胤時《たねとき》（八郎）と遠山方《とおやまかた》氏を称する千葉師胤《もろたね》（七郎）がいる。胤時はその名字の地である白井庄を有していたと思われる。さらに、「香取社造替諸社役所并雑掌人注文写《かとりしゃぞうたいしょしゃやくしょならびにざっしょうにんちゅうもんうつし》」[13]に「千葉八郎」としてみえ、匝瑳北条《そうさほうじょう》の所領を有していたことが分かる。子息である九郎胤定《たねさだ》が鳴矢木《かぶらき》（鏑木）、十郎信清《のぶきよ》が長吉《ながよし》（永吉か）を名乗っているので、この双方も胤正から継承していたと思われる。また、将軍頼経《よりつね》・頼嗣《よりつぐ》の随兵として度々見える（『吾妻鏡』嘉禎《かてい》三年四月十九日・同四年六月五日・仁治《にんじ》元年八月二日条）。

師胤も胤時同様「香取社造替諸社役所并雑掌人注文写」に「千葉七郎」として見える。遠山方御厨のほかに、子息師時《もろとき》が神崎《こうざき》を名乗るので、同地も有していたであろう。

女子の動向については全く不明である。しかし、建久二年正月一日に常胤が一族を上げて主催した垸飯に見える「寺尾大夫成遠《てらおだゆうなりとお》」（『吾妻鏡』）は一族に連なる人物と思わるものの（「千葉大系図」には胤正子息として記される）、「寺尾」なる地名は千葉県内に存在しない。相模国には同名の地があるが、成胤がそこの武士である

11 **「千葉伝考記」**（『房総叢書』第二輯　複製版（東洋社　一九七二年）。

12 **「明月記」** 嘉禄元年五月二十四日条（『千葉県の歴史』資料編五　記録典籍　一六九　二〇〇五年）。

13 **「香取大宮司家文書」** 三四（『千葉県の歴史』資料編二（一九九七年）。

とすれば、胤正の娘が嫁した可能性もあろう。

おわりに

胤正の動向は、建久十年（一一九九）十月二十七日に梶原景時《かじわらかげとき》の弾劾状《だんがいじょう》に常胤と名を連ねた（『吾妻鏡』）のを最後に見えなくなる。先に述べたように建仁二年十一月に没したと思われる。

冒頭で述べた通り、胤正は父常胤と比べると、その事績は目立つものは多くはないが、鎌倉幕府の有力東国御家人の二代目として、頼朝に仕え、軍功を挙げ、信頼を勝ち取ることに成功したと言えるであろう。また、一族・下総国内への影響力行使には苦慮しつつも、子息を千葉庄近辺に配し、宗家の力を蓄えたといえよう。胤正没後、胤秀の上総介家が宝治合戦《ほうじかっせん》で三浦氏に与して壊滅したり、短命の当主が続いたりしても宗家の支配が揺るがなかったのは、胤正による勢力基盤形成の賜物であったのではなかろうか。

下総国相馬御厨や奥羽国行方郡を支配

次男 相馬師常《もろつね》

岡田 清一

千葉介常胤《つねたね》の次男。一一三八〜一二〇五。母は秩父重弘《ちちぶしげひろ》の女。下総国相馬御厨《みくりや》（我孫子市・取手市）や陸奥国行方郡《なめがたぐん》（南相馬市）を支配。治承四年（一一八〇）九月、父とともに源頼朝の挙兵に加わり、一ノ谷の合戦や文治五年の奥羽《おうう》合戦に従う。建久元年（一一九〇）および同六年、頼朝に供奉《ぐぶ》して上洛。元久二年十一月十五日、念仏行者として端座、合掌して没した。六十七歳。墓は鎌倉市扇ガ谷に現存する。

はじめに

毎年七月末に行われる相馬野馬追《のまおい》は、平成二十三年三月に発生した東日本大震災の後も開催された。平将門《たいらのまさかど》以来、千年にわたって行われたという点は、確実な史料から確認できるものではないが、旧相馬中村藩領内に住む地域住民にとっては、そのアイディティティの発現そのものであった。

鎌倉時代、相馬御厨を本貫《ほんかん》の地とし、さらに奥州行方郡や高城保《たかぎのほう》（宮城県松島町）を所領とした相馬氏は、その一族が行方郡に移住し、明治維新まで行方・標葉《しねは》・宇多《うた》（南半）三郡を支配した。いわゆる奥州相馬氏と称されるのに対して、相馬御厨に残った下総相馬氏も多難な歴史を展開した。鎌倉幕府草創という苦難の時代を生き、その発展の基礎を築いた師常《もろつね》の時代を概観してみよう。

岡田 清一（おかだ せいいち）

一九四七年生まれ。一九七五年、学習院大学大学院満期退学。一九七七年、東北福祉大学専任講師、その後、教授を歴て、現在、東北福祉大学大学院嘱託教授。博士（文学／東北大学）。主要著書に『中世相馬氏の基礎的研究』（崙書房、一九七八年）、『鎌倉幕府と東国』（続群書類従完成会、二〇〇六年）、『中世東国の地域社会と歴史資料』（名著出版、二〇〇九年）、『相馬氏の成立と発展』（戎光祥出版、二〇一五年）。

一　相馬御厨をめぐる紛争

師常は、保延四年（一一三八）に生まれた。当時の師常を取り巻く環境は、後に苗字《みょうじ》の地ともなる相馬御厨の支配をめぐって、下総守藤原氏や同族内で争うという、極めて厳しいものであった。

大治元年（一一二六）六月、平忠常《たいらのただつね》の孫である常時《つねとき》は、弟常兼《つねかね》の子常重《つねしげ》を養子にむかえて相馬郡を譲与した。その直後、常重は「郡務を知行せしむべし」という国判《こくはん》（国守の任命書）を給わり、さらに正六位上、下総権介《しもふさごんのすけ》に叙任《じょにん》された。同五年六月、常重は相馬郡布施《ふせ》郷を伊勢内宮《ないくう》に寄進、ここに相馬御厨が成立した。ところが、子の常胤に御厨を譲与したところ、年貢未納を理由に下総守《しもふさのかみ》藤原親通《ちかみち》に捕縛された。その後、親通に相馬郷と立花郷（東庄町）を奪い取られ、相馬御厨をめぐる千葉氏と親通の紛争は永く継続することになる。このようなときに、師常が誕生した。

さらに、常時の子常澄《つねずみ》が相馬御厨の支配権を主張した。本来、常時が相馬郡を支配していたから、あるいはその権利の一部が常澄に譲渡されていたのかもしれない。

こうした複雑な紛争が展開するなかで、康治二年（一一四三）、源義朝（頼朝の父）が常重に圧力を加え、相馬御厨を奪いとった。義朝は相模国鎌倉を本拠に、海を渡って房総半島に進出してきたのである。常澄を麾下《きか》に組み込むとともに、天養二年（一一四五）三月には、相馬御厨を伊勢内宮に寄進した。

さらに保元《ほうげん》の乱後、相馬御厨は藤原親通の子親盛《ちかもり》から関連文書を譲渡されたと主張する源義宗《みなもとのよしむね》[1]の手にわたり、永暦二年（一一六一）正月、伊勢内・外二宮に寄進された。翌月、常胤《つねたね》も伊勢二宮にふたたび寄進。神宮側は、常胤の寄進を優先させたが、供祭物《ぐさいもつ》の納入が滞ったため、義宗の寄進を認めたのである。相馬御厨をめぐる複雑な紛争は、千葉氏の支配が極めて不安定な状況下にあったことを示している。

二　頼朝のもとに―上総氏系相馬氏から千葉氏系相馬氏へ―

中世武士の苗字の多くは地名に由来するが、それはその武士が名のる地名の土地を支配していることを社会に認識させる行為のひとつと理解できる。では、その本貫の地である相馬郡あるいは相馬御厨を支配し、その地名を名のる相馬氏は、いつごろ成立したのであろうか。

　その史料上の初見は、石橋山の戦いに敗れ、房総に遁れた頼朝に合流する千葉介常胤の二男として「師常相馬と号す」を『吾妻鏡《あづまかがみ》』治承《じしょう》四年（一一八〇）九月十七日条に確認できる。ところが、相馬御厨を支配して相馬を名のっていたかのように記述する『吾妻鏡』に対し、『源平闘諍録《げんぺいとうじょうろく》』では「次男師常」とのみあって、「相馬」を冠していない。

　しかも、寿永二年（一一八三）十二月、頼朝に謀殺された上総権介広常《かずさごんのすけひろつね》に縁坐《えんざ》して捕縛《ほばく》され、その後、赦免《しゃめん》された弟常清《つねきよ》が「相馬九郎」を冠して『吾妻鏡』に記されているのである。既述したように、常清の祖父常時が相馬郡を支配することがあ

1　源義宗については、これを佐竹氏と理解する西岡虎之助『荘園史の研究・下巻一』（一九五六年）・岡田清一『相馬氏の基礎的研究』（崙書房・一九七八年）に対し、「京武者の兵衛尉能宗」とする佐々木紀一氏「『平家物語』の中の佐竹氏記事について」『山形県立米沢女子短期大学紀要』四四（二〇〇八年）がある。

ったが、その子孫は相馬郡（御厨）に対して何らかの権利を持ち続け、常澄の子常清が「相馬」を名のったのである。さらに、吉川家本《きっかわけぼん》『吾妻鏡』文治《ぶんじ》二年（一一八六）六月十一日条には、

上総国畔蒜《あびる》庄は熊野別当《くまのべっとう》が支配するところである。ところが地頭職《じとうしき》については、頼朝公が相馬介と和田太郎義盛に与えられ、それぞれが熊野別当の使者の命令に背いて年貢等を納入しなかったので、これを訴えたのである。（以下略）

とあり、「相馬介」の存在が確認される。野口実氏によれば、「相馬介」とは常清の子定常《さだつね》であり、相馬介の「介《すけ》」は上総権介の地位の継承を意味するから、広常が謀殺された後、上総権介の地位は常清系統が継承したのだという。[2] すなわち、広常の殺害後も、定常が上総権介として上総国衙《こくが》を掌握して上総一族を統括するとともに、相馬御厨をも支配していたと考えられるのである。

では、この上総氏系の相馬氏に対し、常胤の二男師常による相馬御厨の支配、相馬を苗字とする時期は、いつのことだろうか。史料は限られているものの、文治五年（一一八九）八月二十日に書かれた源頼朝の書状が参考になる。すなわち、平泉藤原氏を攻撃した時、頼朝は「北条・三浦の十郎・和田の太郎・相馬の二郎・小山田の者、奥方先陣したる者共」に対し、軍勢二万騎を待って合流し、二十一日には平泉に到着すべきことを厳命したものである。

ここに「相馬の二郎（さうまの二郎）」と記された武士が師常である。師常が「相

2 **野口実**「中世東国武家社会における苗字の継承と再生産」（『鎌倉』八三、一九九六年）。

馬の二郎」と記載されるのは、相馬御厨の支配者は師常と、頼朝が認めたことを示している。したがって、文治二年六月当時、相馬介を名のる定常の存在が確認できるのだから、師常による相馬御厨の支配は、少なくともそれ以降、同五年八月のあいだに可能になったことになる。[3]

そのきっかけは、いろいろ考えられる。たとえば、建久元年（一一九〇）正月、平泉藤原氏の残党による蜂起に対し、頼朝から常胤の子胤正《たねまさ》に討伐の大将軍を命じられた。その際、胤正は「先年、上総国で合戦があった時、葛西《かさい》三郎清重《きよしげ》と共に戦った。この度も清重を動員することを認めて欲しい」と言上し、許可を得ているのである。この「上総国の合戦」については、諸史料から確認できない。しかし、上総国内の合戦に上総氏系の相馬介定常が無関係であったとは思えない。おそらく、こうした事件を通して、上総一族は徐々に千葉氏の支配に組みこまれ、師常の相馬御厨に対する支配もその過程で確立されていったと理解できよう。

三　頼朝と師常

父常胤とともに頼朝に合流した師常は、以後、千葉氏の一員として平家との合戦に従軍した。元暦元年（一一八四）二月には、源範頼《みなもとののりより》に従って摂津《せっつ》一ノ谷の平家を攻撃し、さらに九州に上陸した。屋島《やしま》の戦いにも敗れ、本拠を長門《ながと》国に移した平家の背後を断ったのである。

3　**岡田清一**『相馬氏の成立と発展』（戎光祥出版、二〇一五年）。

さらに文治五年（一一八九）七月、頼朝が平泉の藤原氏を攻撃するため鎌倉を出陣すると、常胤および八田知家《はったともいえ》が率いる東海道軍に属して太平洋岸を北上した。阿《あ》津賀志山《つかしやま》（福島県国見町）で藤原国衡《ふじわらのくにひら》率いる平泉の防衛ラインを突破した頼朝軍は、多賀国府で東海道軍と合流。その後、平泉を陥落させたのが八月二十二日、さらに厨川《くりやがわ》（盛岡市）まで進軍し、九月二十日には平泉に戻った。そこで頼朝は、軍功を挙げた御家人たちに恩賞を与えたが、最初に拝領した常胤の恩賞を『吾妻鏡』は具体的に記載していない。しかし、のちに常胤の三人の子、すなわち二男師常が行方郡の、三男胤盛《たねもり》が亘理郡《わたりぐん》（宮城県）の、それぞれ地頭職を、さらに四男胤信《たねのぶ》が好間《よしま》庄（いわき市）の預所職《あずかりどころしき》を得て移住しており、そのきっかけはまさに平泉で行われた常胤への恩賞の給与にあったことは間違いない。以後、行方郡は相馬氏の重要な所領として相続されていく。

この間、師常は鶴岡八幡宮や永福寺《ようふくじ》、相模日向山《ひなたやま》、さらには信濃善光寺《ぜんこうじ》に参詣する頼朝に供奉《ぐぶ》するとともに、建久《けんきゅう》元年（一一九〇）十一月および同六年三月には、頼朝に従って上洛している。また、父常胤とともに、頼朝の子頼家《よりいえ》の御七夜や着甲始めの儀に参列するだけでなく、「垸飯《おうばん》」役や馬引きなど、後の御家人役ともいうべき役目を負っている。

ところで、師常と頼朝とのあいだには特別な関係があったかもしれない。流人《るにん》時代の頼朝は、伊豆の伊東祐親《いとうすけちか》の三女と通じていた。しかし、『源平闘諍録《げんぺいとうじょうろく》』によると、北条時政の娘（政子）との関係を優先し、三女に「列座したる大名の中に、誰を夫となさんと思食す。指して仰せ出されよ」と問いかけたところ、三女は一人の侍を指した。頼朝は、三女に「侍、その数多しといへども、日の本《もと》の将軍と号する千葉介常胤の次男、相馬の次郎師常とは是れなり」と言い、師常に対しては「頼朝をば舅《しゅうと》と思はるべし。頼朝は聟《むこ》と思ふべし」と納得させたというのである。*

この説話は、他の史書等になく真偽を確認できないが、あるいは『吾妻鏡』には頼朝が常胤に対して「父と為すべき由」を仰せられたという記事を載せている。さらに、西国を転戦する範頼に対し、「千葉介ことに軍にも高名し候けり。大事にせられ候へし」との書状を送っており、常胤の特別な立場を反映したものであろうか。

四　鎌倉の屋敷

師常が相馬御厨を支配したといっても、御家人として鎌倉殿頼朝に奉公するためには、鎌倉に屋敷があったはずである。それはどこだろうか。師常の死を記した『吾妻鏡』元久二年（一二〇五）十一月十五日条には、「端坐合掌《たんざがっしょう》して、さらに動揺せず。決定往生敢えてその疑い無し。これは念仏行者である。結縁《けちえん》と称して、多くの人びとが集まり、師常を拝した」とある。師常の死に、多くの人びとが集まり礼拝したというから、おそらく鎌倉で亡くなったものであろう。

それは、建治元年（一二七五）五月、京都の六条八幡宮再建に際して御家人名と負担額をまとめた史料に、[4]「鎌倉中」（鎌倉に屋敷を持ち、居住する御家人）として相馬五郎（義胤《よしたね》＝師常の子）の子孫が記載されていることからも考えられる。

伝・相馬師常墓所（鎌倉市扇ガ谷）
筆者撮影

鎌倉市今小路《いまこうじ》には千葉常胤邸があったが、その北には、扇ケ谷の惣鎮守で建久三年（一一九二）に師常が勧請《かんじょう》したと伝えられる「相馬天王社」が鎮座している。この常胤邸と相馬天王社とのあいだ、巽《たつみ》神社の向かい側に師常邸があったといわれる。しかもその近くには、師常の墓所と伝えられる「やぐら」内に五輪塔と宝篋印塔《ほうきょういんとう》が現存する。

この「相馬天王社」や巽神社の周辺に千葉一族が多く居住していたことを想像させるのである。

五　羽黒前遺跡―相馬御厨の本拠―

建久八年十年三月、「地主平」によって相馬御厨の年貢が伊勢二宮に納入された。この「地主平」が師常であった可能性は高く、相馬氏が御厨を支配していたことがわかる。それでは、御厨内の本拠（居館）はどこにあったのだろうか。従来、茨城県守谷市にある中世の城跡（守谷城）と伝えられてきたが、ここは戦国期の城跡であって、鎌倉期までは遡れない。

ところで、平安時代末期、千葉氏は相馬郡司に代々任命された。彼らはその千葉

4 **福田豊彦**「『六条八幡宮造営注文』と鎌倉幕府の御家人制」（『中世成立期の軍制と内乱』吉川弘文館、一九九五年、初出は一九九三年）。

庄に居住し、国衙《こくが》の在庁官人《ざいちょうかんじん》として下総国衙（市川市国府台）に勤務していたから、相馬郡家《ぐうけ》に常駐はできなかった。しかし、古代の郡家は政治の中心として、さらに正税《しょうぜい》を収める正倉《しょうそう》をはじめ多くの建物が建っていた。時が移っても、郡家が要衝の地であることは変わらなかったろう。相馬郡の拠点でもある相馬郡家やその機能を掌握することは、常兼・常胤父子によって行われ、それは相馬御厨の支配を継承した師常の代になっても変わらなかったものと想像できる。したがって、師常以降、相馬氏は郡家機能を掌握し、相馬郡（御厨）を支配したと考えられるのであり、相馬氏の居館を相馬郡家の近くと考えることができる。

では、相馬郡家はどこに置かれていたのだろうか。三〇数年前、我孫子市の日秀《ひびり》西《にし》遺跡が発掘され、七世紀後半から九世紀にかけての、官衙《かんが》的な様相を持つ建物、三〇棟以上の総柱建物がロの字形に配置することが確認された。[5]

この日秀西遺跡の東方約一キロメートルに位置する羽黒前《はぐろまえ》遺跡からは、奈良・平安時代の多くの掘立柱建物が確認され、緑釉《りょくゆう》陶器・灰釉《かいゆう》陶器・帯《おび》金具・転用硯《てんようけん》などが出土した。さらに、奈良・平安時代の遺構の後に、約一三〇メートル×約一〇〇メートルの、一部に二重の堀をめぐらした複郭の居館跡が確認された。居館内からは初鋳《しょちゅう》一一〇七年という大観《たいかん》通宝（北宋銭《ほくそうせん》）が、さらにその近辺から常滑《とこなめ》焼きの破片も出土している。

複郭の居館跡が当初からのものか、あるいは逐次作り替えられたものか課題は多いが、明らかに中世の居館遺構であり、発掘担当者は十三〜十五世紀と考えている。

5 **千葉県教育委員会**『我孫子市日秀西遺跡発掘調査報告書』**我孫子市教育委員会**『我孫子市史　原始・古代・中世篇』（一九八〇年）。

恐らく、羽黒前遺跡は古代郡家の倉庫群である日秀西遺構に隣接した郡家関連遺構であり、中世になって居館として利用された可能性がある。相馬郡家が千葉氏、ついで相馬氏によって支配されたとするならば、羽黒前遺跡に残る遺構が相馬氏関係の居館の可能性が高いのである。[6]

羽黒前遺跡の館跡

6 **我孫子市教育委員会**『我孫子市史　原始・古代・中世篇』（二〇〇五年）

おわりに―その後の相馬氏―

元久《げんきゅう》二年（一二〇五）十一月、幕府の重鎮畠山重忠《はたけやましげただ》が北条時政《ほうじょうときまさ》によって忙殺されるなかで、師常は他界した。それは、北条氏の中心が時政から義時《よしとき》へ移り、さらに義時主導の幕政が展開しようとする時でもあった。その後の相馬氏は、御家人として、時には北条氏に近侍《きんじ》するなかでその立場を維持するが、幕末には御内人《みうちひと》長崎氏との相論《そうろん》（裁判）のなかで、奥州に移住する一族も現れた。この奥州藤原氏に関する研究は進展したが、それは残された史料が豊富であったからに他ならず、下総に残った相馬氏の研究は緒に就いたばかりなのである。

下総相馬氏は、後に鎌倉（古河）公方家《くぼうけ》の被官《ひかん》となり、さらに小田原北条氏の支配に組み込まれた。北条氏の滅亡後、旗本として、さらに小田原藩大久保家や彦根藩井伊家の家臣として存続した。

奥州合戦の後、亘理郡を譲り受ける

三男　武石胤盛《たけしたねもり》

坂本　紀男

千葉市武石町周辺を領していた胤盛は、源頼朝が挙兵すると、父とともにこれに従い、平氏・奥州藤原氏と戦う。奥州合戦の後、父の常胤が頼朝から恩賞として受けた陸奥国の所領のうち、宇多郡・伊具郡・亘理郡を譲られる。子孫は拠点を亘理郡に移し、暦応二年（一三三九）に「亘理」を称した。

はじめに

涌谷伊達《わくやだて》氏（奥州武石《たけし》氏・亘理《わたり》氏）の祖先である武石三郎胤盛《たけしさぶろうたねもり》は、千葉介常胤《ちばのすけつねたね》の三男である。武石胤盛の末裔は、下総国千葉郡武石郷に残った下総武石氏と鎌倉時代末期に奥州亘理《わたり》郡に下向した奥州武石氏の二系統に分かれる。ここでは、奥州亘理郡に下向した武石氏（亘理《わたり》氏・涌谷伊達《わくやだて》氏）について論じてみたい。

鎌倉時代末期、奥州亘理郡に下向した武石氏は、南北朝期に入ると時代の流れに翻弄され、南朝方から北朝方へとなり室町期に入ると「武石《たけし》」姓から「亘理《わたり》」姓へと姓を変え、北上する伊達氏の旗下となるが亘理領主として自治権は与えられていた。伊達政宗が豊臣秀吉によって出羽国米沢《よねざわ》の地から移封され陸奥国岩出山《いわでやま》に城を移すが、このとき亘理氏も三百年間守り続けた陸奥国亘理の地より遠田郡《とおだぐん》涌谷へ城

坂本 紀男（さかもと のりお）
宮城県涌谷町出身。郷土史家。千葉氏顕彰会会員。涌谷藩志会事務局長。亘理（武石）氏分流坂本一族末裔。
亘理氏について調査・研究している。

を移す。

亘理氏は仙台藩の一門《いちもん》として活躍するが亘理定宗の代に「伊達《だて》」姓を賜り、そして明治維新までの約二百七十年間、二万三千石の領主として活躍する。

鎌倉・室町期の奥州武石氏について東北福祉大学教授であった岡田清一氏が「陸奥の武石亘理氏について」という論文のなかで各資料を元に比較検証しながら問題点も提起されている。また、鈴木佐氏が書かれた「千葉一族特集　武石氏について」も武石氏研究に光をあたえてくれた。この二つの論文を参考にさせていただきながら涌谷伊達氏に伝わる「亘理家譜」と「亘理氏系図」、「千葉大系図」を基として進めていきたい。

武石神社（千葉市花見川区）

一　鎌倉期の武石氏

武石胤盛《たけしたねもり》は、千葉介常胤の三男として生まれる。母は、他の兄弟と同じ秩父重弘の女とされる。一説には香取郡神生《かんのう》城に住み、承安元年（一一七一）十一月十五日、下総武石に城を築いたと云われている。

武石胤盛《たけしたねもり》に関する史料は、あまりに

も少ない。ここでは、『吾妻鏡』にみえる史料を引用する。

治承四年（一一八〇）当時、平清盛を頂点とする平氏一門が権勢を誇っていたが伊豆に配流された源氏の嫡流・源頼朝のもとに以仁王の平氏打倒の令旨が届けられ伊豆で挙兵した。しかし石橋山の戦いで平氏方の大庭景親の軍に敗れた源頼朝は、海路安房へ向い再起を図る。源頼朝は、上総介広常と千葉介常胤に加勢を頼む。上総介広常は、即答を避けたが千葉介常胤は即決し頼朝の旗下となる。治承四年（一一八〇）武石三郎胤盛は、千葉介常胤、ほかの兄弟とともに頼朝を迎える。以後、頼朝に従い平氏との戦いに諸国を転戦する。

寿永元年（一一八二）八月十八日、頼朝の嫡男・頼家の七夜儀には常胤を始め千葉六党（常胤の六人の子供の総称）が勢揃いして胤盛は次弟・大須賀四郎胤信とともに献上馬を引いた。

文治五年（一一八九）八月十二日、奥州藤原氏との戦いに海道大将軍として千葉介常胤が率いる軍勢に兄弟とともに従軍した三郎胤盛は、軍功をあげる。その功により陸奥国亘理、伊具、宇多の三郡を賜った（「千葉大系図」）と云われている。

建久二年（一一九一）正月一日、千葉介常胤が献じた垸飯《おうばん》の儀に砂金を進めている。

以上が『吾妻鏡』で確認できる武石胤盛の記述である。文献が乏しいため、具体的な実態を窺い知ることができないのが現状である。

しかし言い伝えによると観音崇敬が篤く東荘六観音のひとつ、観音院（香取市）は、武石胤盛の廟所とも云われている。[1] 武石城に居た時は伽羅陀山真蔵院《しんぞういん》三会寺《さんがいじ》を菩提寺に定め、三代王《さんだいおう》神社を勧請・創建したと云う。

真蔵院（千葉市花見川区）

「亘理氏系図」には「胤盛號武石　武石三郎　従六位下左兵衛尉　母秩父太郎大夫平重弘女　文治五年（一一八九）七月頼朝卿撃奥州藤原泰衡胤盛多戦功因　建久元年（一一九〇）十一月頼朝卿賞賜奥州宇多伊具亘理三郡　家紋九曜紋根笹霰　旗黒地日丸　建保三年（一二一五）六月十三日卒年六十一」とある。

二代胤重については「亘理氏系図」には、武石二郎胤重のみの記載である。『吾妻鏡』には建長二年（一二五〇）三月一日の条に武石入道胤重の名がみえるのみである。

また、没年も不明であるが「六条八幡宮造営注文写」に建治元年（一二五七）五月の条に武石入道（胤重）跡として賦課されているのでこれ以前に没しているのが判る。胤重は、浄土宗に帰依し梅誉上人を招き千葉猪鼻城《いのはなじょう》下に光明山知恩院胤重寺《いんじゅうじ》を創建し開基となった。

1 **鈴木佐**「千葉一族特集　武石氏について」（『千葉氏フォーラム記念講演会「千葉一族　武石氏・亘理氏について」配布資料』、二〇〇〇年）

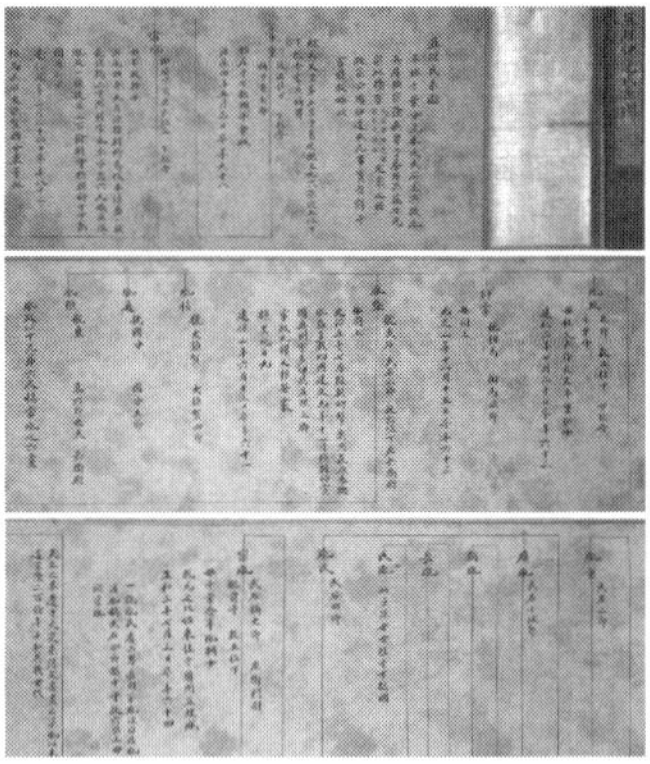
亘理氏系図（部分）

また、仙台市博物館蔵の宮城県松島《まつしま》町にある五大堂《こだいどう》の鐘銘写にも「日理《わたり》郡地頭武石二郎胤重、嘉禄《かろく》三年（一二二七）被鋳改畢」とある。

三代胤氏については「亘理氏系図」には、武石四郎胤氏のみの記載である。『吾妻鏡』に将軍の供奉人役として建長三年（一二五一）八月一五日、建長四年（一二五二）、康元元年（一二五六）、正嘉元年（一二五八）に記載されている。武石二郎胤重には三人の子息がおり小次郎広胤、三郎左衛門尉朝胤、四郎左衛門尉胤氏が幕府の御家人として活躍していることが判る。小次郎広胤、三郎左衛門朝胤が下総武石氏祖となり朝胤の子・長胤に受け継がれる。四郎左衛門尉胤氏が奥州武石氏祖となり宗胤に受け継がれる。これ以降、下総武石氏が幕府御家人として、奥州武石氏が亘理郡の所領を受け継ぎ二系統に別れたと考えられる。

二　奥州亘理郡に下向後の武石氏（武石氏から亘理氏に）

四代宗胤について「亘理氏系図」には、武石四郎左衛門尉胤氏の子・武石左衛門尉宗胤（初弥太郎、肥前守、従五位下）が乾元中（一三〇二）始めて奥州に下り亘理《わたり》城に住むと云う。母は千葉介平胤綱女。正和三年（一三一四）七月三日卒年六十四。武石宗胤が下総に住んでいた時に建立した宝篋印塔《ほうきょういんとう》が神奈川県箱根町に残っている。

五代治胤については、宗胤の子・武石右京亮治胤（三郎、従五位下）元弘元年（一三三一）二月六日卒年六十七。貞胤とも称す。母佐々木近江守源氏信女。元弘元年は南朝方の年号であり、北朝方の元徳三年にあたる。いよいよ南北朝の騒乱が奥州にも影響してくる。

六代高廣については四郎高廣（石見守、従五位下）鎮守府将軍源顕家卿（南朝方）に属し暦應二年（一三三九）五月二十二日泉州阿倍野において戦死。年四十三。

元弘三年（一三三三）に鎌倉幕府が滅亡するが、建武年間（一三三四〜一三三五）頃の「建武年間記」、「南部文書」、「相馬文書」のなかに武石次郎左衛門尉、武石上総介胤顕の名が見える。四郎高廣は、最後まで南朝方であったが、足利尊氏が後醍醐天皇から離反すると足利方に味方した相馬《そうま》氏と行動を共にした武石五郎胤通（武石左衛門五郎胤通）がいた。

しかし先ほど挙げた人名については「亘理氏系図」には一切見られないし下総武石氏にも見受けられない。左衛門尉や上総介など官途名を名乗っていることから武石氏の惣領家とみられるが南北朝期の混乱のなかで、最終的に奥州武石氏を継いだのが四郎高廣ということになる。

七代武石左衛門尉廣胤（因幡守、従五位下）の代の暦応二年（一三三九）「武石」

を改め「亘理」を称し、足利尊氏の命に応じて上洛し自領を安堵されたと云う。康暦三年（一三八〇）四月二十九日卒年六十三。母国分平盛胤女。

四代宗胤より七代廣胤までを総括すると、岡田清一氏が指摘するように下総より奥州亘理郡に下向した宗胤は幕府の御家人から離れ北条得宗家の被官となっていた可能性が高い。

徳治二年（一三〇七）の「円覚寺文書」五月の項に五番亘理四郎左衛門尉は宗胤であり四番伊具左衛門入道は北条氏と考えられる。また、この当時の宇多郡《うだぐん》は後醍醐天皇より結城宗広が勲功として与えられている（「伊勢結城文書」[2]）。このようなことから勘案すると資料が少なく断定できないが、武石胤盛が源頼朝より賜ったとされる伊具《いぐ》・宇多《うだ》・亘理《わたり》の三郡の所領は、現実には亘理《わたり》郡と伊具《いぐ》郡の数ヶ村、宇多《うだ》郡の数ヶ村だった可能性もあるのではないか。

また、徳治二年（一三〇七）前に「亘理」の姓を名乗っていたとも考えられる。

八代亘理彦四郎行胤（肥前守、従五位下）永徳元年（一三八一）秋、伊達宗遠との戦いに敗れ、伊達《だて》氏の旗下となる。この頃から福島県伊達郡を本拠とする伊達《だて》氏が南奥州へ戦力を拡大してくる。明徳四年（一三九三）九月十二日卒年五十一。母佐竹右馬頭源義盛女。

九代彦五郎重胤（刑部少輔、母磐城下総守平清胤女）は国分右馬助盛経と戦い戦死。

2 **岡田清一**「陸奥の武石・亘理氏について」（『千葉氏フォーラム記念講演会「千葉一族　武石氏・亘理氏について」配布資料』、二〇〇〇年）

十代兵部大輔胤茂は應永二十三年（一四一六）九月、国分守経を討ち勢力を徐々に盛り返していく。

十一代茂連は山内兵部大輔氏義女を母とするが子がなく同母の弟・宗清を継嗣し十二代としたが、会津葦名《あしな》氏を母とする弟・茂元が自殺に追い込んだ。この内紛は、会津山内氏と会津葦名氏の抗争に端を発していると考えられる。

十三代の当主に彦五郎茂元（兵庫助）がなったのは、母親の実家である葦名《あしな》氏が大きく関わっていると考えられる。茂元は文明二年（一四七〇）十一月に伊達成宗と戦い、柴田《しばた》・名取《なとり》二郡を入手した。文明十三年（一四八一）九月廿日卒年六十一。

十四代彦五郎元胤（因幡守）の母は柴田弥十郎娘とあり、十三代茂元が柴田《しばた》、名取《なとり》を入手したのと関連があると考えられる。父・茂元の代より伊達氏との合戦は止《や》まずとある。永正元年（一五〇四）二月十八日卒年五十九。

十五代彦七郎宗元（右近太夫、母不知）は、兄・彦五郎元實が延徳元年（一四八九）三月二十日、二十一歳で亡くなったため、跡を継いだ。しかし伊達尚宗に敗れ、再び伊達氏の旗下となる。享禄四年（一五三一）十一月四日卒年六十。

十六代彦五郎宗隆（初名元重、右近太夫、兵庫允）には男子無く、娘を伊達尚宗の子・伊達稙宗の側室とした。伊達稙宗は、大永二年（一五二二）十二月に「陸奥国守護職」に補任されて、南奥羽に対する権限が増大する。宗隆は、娘が産んだ綱宗、元宗を養嗣子とした。しかし綱宗は、天文十三年（一五四四）三月、父・稙宗と兄・晴宗が争った天文の乱の穂原の戦いにて戦死した。十八歳（十七歳説もあり）であった。綱宗が戦死したため、弟の元宗が後を継いだ。宗隆は、弘治二年（一五五六）七月二十一日卒年六十四。

相馬《そうま》盛胤は、伊達稙宗の長女を子息顕胤の嫁に迎え伊達氏とは、良好な関係にあったが、「天文の大乱」を契機に再び戦闘が繰り返される様になった。相馬《そうま》氏と伊達氏の戦いは、天文十一年（一五四二）に始まり、天正十八年（一五九〇）までの四十八年間に三十回も繰り返された。伊達氏と相馬氏との戦いになると地理的にも重要になるのが亘理氏である。

しかし豊臣秀吉の惣無事令を契機に私闘が禁じられ、天正十八年で伊達、相馬《そうま》との戦いも終わりを迎えるが、豊臣秀吉の命により伊達政宗は、居城を出羽国米沢《よねざわ》より陸奥国岩出山《いわでやま》に移した。亘理氏も約三百年間治めていた亘理の地より遠田郡涌谷《とおだぐんわくや》へと城を移すことになる。

鎌倉時代末期に下総国武石郷より奥州亘理郡に下向し、「武石」より「亘理」に姓を変え、南北朝、室町期と各豪族と覇を競っていた時期もあったが最終的には伊達氏に従属した。

「建武年間記」、「相馬文書」などに見られる「亘理氏系図」に記載されていない武石氏一族が存在したことも事実である。「亘理氏系図」には、加筆修正されている系図（草稿ヵ）も含めて数種ある。その中に「天正の末、大災に遭い宗胤から宗隆までの二百余年の間の系譜、文書類を喪失し幾世代の詳細が判らない」と書かれている。このことからも混乱の様子が理解できる。しかし、下総国武石郷より奥州亘理郡に下向し、武石胤盛より亘理宗隆まで実に十六代を数える。

三　遠田郡に移封した亘理氏（亘理氏から涌谷伊達氏に）

天正十九年（一五九一）豊臣秀吉の命により伊達政宗は、居城を出羽国米沢《よねざわ》より陸奥国岩出山《いわでやま》に移した。亘理元宗・重宗父子も伊達政宗の命で約三百年間治めていた亘理《わたり》の地より遠田郡《とおだぐん》へと移封することとなった。

涌谷城跡

涌谷初代となる元宗は、天文二十一年（一五五二）春、京都に上って将軍足利義輝に謁し、従五位下兵庫頭となった。亘理《わたり》郡二十ケ村・伊具《いぐ》郡六ケ村・名取《なとり》郡一ケ村の領主であった。文禄三年（一五九四）六月十九日卒年六十五。伊達稙宗の十二男。室は、国分盛氏娘。[3]

二代重宗の遠田郡での知行高は、八千八百石であった。当初、遠田郡百々《どど》に城を築く予定であったが江合川《えあいがわ》を有する遠田郡涌谷に城を構えた。当地は、天正十八～十九年（一五九〇～九一）にか

3　涌谷町『涌谷町史上』、一九六五・涌谷町教育委員会『涌谷町文化財資料集第二集・涌谷伊達家の家譜・系図～亘理家譜ほか～』、二〇一七年。

けて、葛西《かさい》・大崎《おおさき》一揆がおきた地域であり、迅速に統治が進められることが求められており、江合川《えあいがわ》が目前に流れる涌谷に城を築くことは経済・交通の中心と成り得る立地条件を兼ね備えていた。涌谷に来た元宗は、隠居していたので城下町の建設は、重宗の代より始められた。涌谷に移封されてから文禄元年（一五九二）の朝鮮の役に従軍し、慶長五年（一六〇〇）の関ヶ原の戦いでは、伊達政宗の人質として江戸にいた。城下町の建設も軍事的色彩の濃い城下となった。

慶長九年（一六〇四）十月重宗は、隠居した。隠居領として宮城県高清水《たかしみず》に一千石を伊達政宗より賜った。この隠居領を末娘に茂庭綱元の子（実伊達政宗の子）を迎えて嗣とし高清水《たかしみず》亘理氏（後の佐沼《さぬま》亘理氏）を興した。亘理宗根を名乗り一家に列せられた。重宗は、元和六年（一六二〇）正月、涌谷下郡《しもごおり》村の隠居所にて年六十九で没した。母は、国分盛氏女。

三代定宗は、初め源五郎、右近を称し安芸を称す。慶長五年（一六〇〇）関ヶ原の戦いの時、上杉方の刈田郡《かったぐん》白石城攻略に従軍し先駆けして戦功があり、伊達政宗より武勇を称された。慶長十一年（一六〇六）暮、伊達政宗の長女・五十八姫《いろはひめ》と徳川家康の六男・忠輝が婚礼を上げた。この時、伊達政宗より「伊達」の姓と「三引両紋」と「竹に雀紋」[4]を賜った。寛永元年（一六二四）に知行は一万石となる。家格は「一門」である。伊達政宗の代の「一門」は、戦国時代、伊達氏と覇を競った南奥州の名族が伊達氏の傘下に入り「一門」に列せられた。伊達政宗は「一門」に

4 亘理氏が「竹に雀紋」を許されたのは元亀元年（一五七〇）とする説もある。本文は「亘理家譜」に従った。

自治権を認めた。定宗は、承応元年（一六五二）十一月二十九日、歳七十五で没した。母は、相馬盛胤女。

定宗には長男・宗実と次男・宗重がいた。長男・宗実は、伊達政宗の娘を嫁とし四代目となる筈であった。しかし政宗の娘は、嫁いでまもなく寛永十二年（一六三五）に二十歳で亡くなり、宗実は、寛永十六年（一六三九）、二十九歳で亡くなってしまう。

四代となる宗重は、定宗の次男であり、天童《てんどう》頼重の嗣となり天童甲斐頼長と称し天童《てんどう》氏を継いだ。しかし兄の死去により寛永十六年（一六三九）に復帰し伊達信濃宗重を称した。慶安四年（一六五一）、家督を継ぎ、安芸と改める。寛永二十一年（一六四四）禄を加増され二万石となり万治二年（一六五九）に、二万二千六百四十石になる。

万治三年（一六六〇）仙台三代藩主・伊達綱吉が隠居し、伊達綱村が二歳にして仙台藩主となり伊達騒動の原因となる伊達兵部と田村隠岐の後見政治が始まる。

寛文五年（一六六五）に伊達式部宗倫（登米《とよま》伊達氏）との小里谷地《おさとやち》での争いが起こるが宗重が堪える。寛文九年（一六六九）、二郷谷地《にごうやち》のことで伊達式部とまた争論が起こる。仙台藩では、政宗、忠宗の治世で藩士が罰せられたのは僅か、五〜六人に過ぎなかったのがこの後見政治の十年の間、実に百二十人にも達し悪政に憂いた宗重は、この十年間の悪政の証拠を集め、この谷地騒動の訴訟を名目として寛文十年（一六七〇）末に遂に幕府に訴えた。国元にいた息子・宗元は、父・安芸宗重の訴えが谷地争いに留まったならば、涌谷に帰らず高野山へお連れせよと家臣に覚悟を示した。審議は、宗重の訴え通りに進んでいた。しかし、結審予定の寛文十一年（一六七一）三月二十七日に老中・酒井雅楽頭の屋敷で原田甲斐の凶刃に斃れた。歳五十七。母は、黒木氏女。江戸へ上る前に円同寺《えんどうじ》の石水和尚より見龍院《けんりゅういん》の法号を授かっていたため、円同寺《えんどうじ》を改め見龍寺《けんりゅうじ》とした。

涌谷伊達家墓所（見龍寺境内）

五代宗元は、父の意思を受け継ぎ、仙台藩を支えていた。江戸幕府より日光東照宮の元禄の修復工事が計画され仙台藩主・伊達綱村が工事実施者に命じられた。普請総奉行の任にあたったのが宗元である。元禄二年（一六八九）二月、日光の詰め所に張る幕紋に「月に九曜紋」をつけることを伊達綱村から許可された。この幕紋を調べるのに千葉の妙見寺に役人を派遣し調査させている。宗元が「月に九曜紋」を表紋にしたひとつの理由は、伊達政宗が細川氏から貰った「細川九曜紋」を伊達政宗の子息・孫たち、特に領地争いとなった登米伊達氏が用いたことが鎌倉時代から「九曜紋」を表紋としていた涌谷伊達氏（亘理氏）にとっては、やや不満となり日光東照宮修復に用いる幕紋のために、千葉の妙見寺に家臣を派遣して妙見神（妙見菩薩）を収めていた厨子に神紋として描かれていた「月に九曜紋」を表紋としたと考えられる。正徳二年（一七一二）十月十一日卒年七十一。室は、岩出山伊達弾正の娘。

六代村元の夫人に三代仙台藩主・綱宗の娘・類姫を迎えたことで、四代宗重・五代宗元が仙台藩に如何に貢献したかが良くわかる。それ以降の涌谷邑主も仙台藩に尽くしたが、十五代胤元の時、幕末をむかえ涌谷邑主としての役目は終わる。現在のご当主で十八代を数える。

妙見社（涌谷町日向地区）

おわりに

二代重宗は文禄の役出陣時に、三代定宗は大阪の役出陣時に、四代宗重は伊達騒動（寛文事件）の時に、五代宗元は日光東照宮普請の時に、下総・妙見寺に参拝している。涌谷伊達氏が、氏神として妙見を第一に崇拝してきたことが如実に語られている。

現在でも江戸時代、涌谷伊達氏の所領には、殿様が祀っていた涌谷・日向《ひなた》にある妙見社、一族である長谷《はせ》氏が祀っていた田尻《たじり》・百々《どど》の妙見社、坂本《さかもと》氏が祀っていた南郷《なんごう》・木間塚《きまづか》の妙見社が残っていて地元で崇敬されている。

武石胤盛位牌

また、武石宗胤が亘理郡小堤《おづつみ》村に位牌寺として開基した光明院《こうみょういん》を旧領亘理郡より天正十九年、亘理元宗が遠田郡に移した。[5] 涌谷町字長柄《ながえ》町にある紫雲山光明院《こうみょういん》に伝わる位牌の前面に「光明院殿紫覚了雲円照大居士」、後面に「建保三年六月十三日年六十一卒　武石左兵衛尉胤盛公」とあり、大切に保存されている。

5 涌谷町字練丑町にある小堤山永福寺も、永徳二年（一三八二）亘理行胤が創建した寺院で、天正十九年（一五九一）の涌谷移転に伴ない涌谷に移住した寺院である。

※本文中の写真については、筆者撮影の他、涌谷町教育委員会福山宗志氏より提供を受け使用した。

鎌倉武士として能力を発揮

四男　大須賀胤信《おおすがたねのぶ》

山本　昌幸

源頼朝を助け、鎌倉幕府の創立に大きく貢献した千葉常胤。そんな常胤の子息六人は「千葉六党」と称され、千葉県民に親しまれている。千葉六党の中で四番目の子息とされているのが大須賀胤信である。胤信は父常胤と共に全国各地を転戦し、功を立てた。その功により、胤信は現在の成田市北部、旧大栄町一帯である大須賀郷を与えられたのである。大須賀氏発展の基礎を築いた胤信はどのような人物であったのだろうか。その人物像について迫っていきたい。

はじめに

千葉常胤の子息でその四男とされるのが、後に大須賀郷を与えられて大須賀氏を称する四郎胤信である。「千葉大系図」によると、母は嫡男胤正と同じ秩父重弘《ちちぶしげひろ》の女《むすめ》とされる。常胤の子として生まれた胤信は、父や兄弟・甥たちと共に千葉氏発展の礎を築いていくのである。

まず、千葉氏がまだ千葉庄《ちばのしょう》の領主にすぎなかった時期の胤信についてみていこう。『源平闘諍録《げんぺいとうじょうろく》』という史料をみると、胤信は「田辺田四郎胤信」と記されている。「田辺田」は千葉庄のなかのひとつの村郷であり、現在の千葉市若葉区多部田町の辺りに比定される。そのことを考えてみると、大須賀郷を与えられる以前の胤信は、父常胤から千葉庄内の田辺田を分け与えられ、その地を領していたと考えられるの

山本　昌幸（やまもと　まさゆき）
一九九四年生まれ。千葉県山武市出身。現在、帝京大学大学院日本史・文化財学専攻修士課程在学。

である。

多部田の地は、東京湾に注ぐ都川の中流域に位置している。古く縄文時代後期の大型貝塚（多部田貝塚）や、小規模ではあるが前方後円墳を含む古墳群（多部田古墳群）が存在しており、都川本流に沿った沖積平野とその支流の谷津からなる多部田は古代から生活に適した土地であったことを示している。[1]

では、胤信はこの時期に田部田のどのあたりを拠点にしていたのであろうか。このことについては確かな史料がないため詳細は不明とされる。であるが、都川本流とこれに合流する支流が形成した半島状台地には多部田城跡の存在が確認されている。しかし、そこに残る遺構は戦国盛期の形態をとっているため、鎌倉時代初頭である胤信の時代のものではないとされている。ところが、城跡の西側には、改修を受けてはいるものの、基本的に古い方形居館の形態を残しており、曲輪のなかには千葉一族が崇敬する妙見社も確認されているのである。そのため、現在はこの部分が胤信の頃の館の姿を伝えているのではないかと推測されている。

大須賀胤信画像（成田市円通寺所蔵）
享保１４年（１７２９）

1 『**大栄町史 通史編上巻 原始古代・中世**』（大栄町史編さん委員会、二〇〇一年）。

一　大須賀家の成立

胤信の父である千葉常胤は、源頼朝を補佐して、南は九州、北は東北まで全国を股に掛けて転戦し、鎌倉幕府の創立に大きく貢献した。この軍功に対する恩賞として常胤は、下総国だけでなく九州・東北の地にも所領を得ることになった。胤信も千葉一族の一員として父常胤の下に従軍し、ともに各地を転戦した。その功もあり、胤信は父常胤から新たな領地を与えられる。その地こそ、胤信が名字として名乗ることとなる大須賀郷である。

大須賀郷は現在の成田市北東部、旧大栄町一帯を主な範囲とし、そこを流れる大須賀川の上流部に位置している。大須賀川は現在、利根川に注いでいるが、中世には「鹿島香取の海」や「香取の海」とも呼ばれた広大な内海に流れ込んでいた。大須賀川の流域には原始古代の遺跡が多く分布しており、古代からこの地が繁栄していたことを示している。

胤信が大須賀郷に入部する前、この地には上総氏一族である別系統の大須賀氏がすでに存在していた。この大須賀氏は、平常長の子息で「大須賀八郎大夫《たいふ》」を名乗った常継より始まる一族である。そのため「常長系大須賀氏」と呼ばれている。平常長は、長元の乱（一〇二八年）を起こした平忠常の孫にあたる人物である。常長系大須賀氏は、大須賀郷の開発領主としてこの地に入部して土地の支配を行なっていた。そして、両総平氏の一族としてその族長である上総広常の軍事指揮権下のもとに活動していたのである。しかし、寿永二年（一一八三）十二月、上総広常が突如粛清されると、新たに両総平氏の族長となった千葉氏に属することとなった。常長系大須賀氏が支配していた大須賀郷は常胤の所領となり、そして子息である胤信に分与された。胤信は新たな大須賀氏としてこの大須賀郷に入部し、領主として存在していく。ここに、世に「千葉六党」として知られる大須賀氏が成立するのである。

胤信は大須賀郷に地頭として入部した。地頭にはその所領から兵糧米を徴収する権利を有しており、のちに荘園や公領を管理し、警察権を握るようになって、荘園や公領を支配下に置くようになる。地頭に任ぜられることは、御家人にとって現地支配が正当化されることを意味し、在地領主として勢力を伸ばすうえでとても重要であった。胤信はこの地頭職の権利によって、大須賀郷の支配を可能としたのである。

大須賀胤信の御家人としての活躍は鎌倉幕府の歴史書である『吾妻鏡』よって詳しく知ることができる。『吾妻鏡』のなかで胤信が登場する記事は約二〇箇所ほどである。そこから胤信の人物像について迫っていこう。

寿永元年（一一八二）八月十八日、頼朝の嫡子万寿《まんじゅ》（頼家《よりいえ》）の七夜の儀が行われた。この儀式は常胤の指示の下、千葉一族によって執り行われている。常胤は六人の子息とともに白の水干《すいかん》を着用し、種々の進物を携えて庭に並んだ。その様子は頼朝が「兄弟容儀皆神妙の壮士なり」とたたえ感動するほどであったという。この儀式において、胤信は進物の鞍を置いた馬を兄の三郎胤盛とともに引いている。このように常胤やその子息たちを中心として、次代の鎌倉殿となるべき万寿の七夜儀が執り行われたことは、頼朝の常胤に対する厚い信頼と、千葉一族の存在の大きさを示しているといえるだろう。

二　奥州合戦にも参戦

文治五年（一一八九）、東北地方に勢力を持つ奥州藤原氏を討伐するため奥州合戦が行われる。常胤は常陸守護の八田知家《はったともいえ》とともに東海道大将軍に任命され、胤信を含めた一族・勇士を相具して太平洋沿岸の海道（浜通り）を北上し戦果を挙げた。これにより常胤は勲功賞として、陸奥国の太平洋沿岸にある好島庄《よしま》（福島県いわき市）・行方郡《なめかた》（福島県南相馬市周辺）・亘理郡《わたり》（宮城県亘理町）・高城保《たかぎ》（宮城県松島町周辺）を拝領した。[2] 胤信はこれら所領のうち、好島庄の預所職《あずかりどころ》（下級荘官を指揮して土地の支配を行なう職）を正治二年（一二〇〇）に受け継ぐことになった。これより後、下総大須賀氏の一族がこの地に移り住み、「奥州大須賀氏」として発展していくこととなる。

『吾妻鏡』には胤信が頼朝に厚く信頼され、そば近くで仕えていたことを示す記事が多くある。奥州合戦と同年の文治五年十一月十七日、頼朝は大庭《おおば》（神奈川県藤

2 **野口実**「千葉常胤―列島を転戦した清盛・西行と同い年の東国武士」（清文堂出版株式会社、二〇一四年）。

沢市）の地に狩りに出かけるが、そこに胤信が従っている。その狩りではこんな出来事があったという。

頼朝は馬前に走り出た狐を射たものの、矢は当たらず、胤信の郎党で弓の名手であった篠山丹三が同時に発した矢が当たった。丹三はとっさに自分の矢と頼朝の矢を取り替え、狐に頼朝の矢を刺して献上した。頼朝は事情を知っていながらも、この行いに感銘を受け、翌日に胤信に命じて丹三を召し出して言葉を掛けた、という。胤信が頼朝の近くで親しく仕えていたことがうかがえる。

建久元年（一一九〇）九月十五日、来月に予定される頼朝上洛の奉行人が決められた。胤信は八田知家とともに厩《うまや》のことをつかさどる奉行となった。この時の奉行人を見てみると、和田義盛や梶原景時・三浦義連《よしつら》・葛西清重・大江広元などのそうそうたる人物たちが名を連ねている。胤信がこれら有力御家人の中に名を連ね、重要な役割を勤めたことは注目される。頼朝からの信頼が厚かっただけでなく、胤信自身がすぐれた行政能力の持ち主であったのだろう。

三　頼朝に近侍

翌年の建久二年（一一九一）元日、常胤は頼朝に垸飯《おうばん》を献じた。垸飯とは、元旦から数日にかけての年頭に、御家人が馬・太刀などの進物とともに盛大に将軍をもてなす儀礼である。元日の垸飯を担当することは特に名誉とされており、常胤が元旦に頼朝を招いて垸飯の儀式を執り行ったことは、千葉氏がいかに鎌倉幕府で重んじられていたかを示している。胤信もここで弟の国分五郎胤通たちとともに馬を引いている。建久四年（一一九三）の元旦にも常胤は頼朝に垸飯を献じ、胤信も自身の子息で次男である胤秀らとともに進物の馬を引いている。またこのほかにも、文治元年（一一八五）十月二十四日に、頼朝が父義朝《よしとも》の菩提を弔うために建立した勝《しょう》長寿院《ちょうじゅいん》（現在廃寺、鎌倉市雪ノ下）の供養にあたり、随兵として頼朝に従ったのをはじめ、建久二年七月二十八日に頼朝が新亭に入る際には先陣の随兵を勤めている。同六年三月十日に行われた平家の焼き討ちによって消失した東大寺の復興に伴う東大寺供養、同年四月十日の頼朝参内《さんだい》などの記事でも、胤信は随兵として頼朝に従っており、参内の際には頼朝の乗った牛車の後方の者として胤信の名前がある。

このように胤信は頼朝の儀式や狩猟、そして公的な行事や寺社参詣などにおいてその傍に近侍《きんじ》し活動していたのである。胤信は頼朝に大いに信頼され、重用されていたのであろう。また、『吾妻鏡』には胤信の人物像が分かるエピソードとして次のような記事がある。

頼朝の死後の建暦二年（一二一二）一月十九日、将軍実朝は鶴岡八幡宮へ参詣したが、胤信を召して御調度懸（将軍の弓矢を持って供として従う）の役目を命じたところ、胤信はそれをきっぱりと辞退した。実朝は、この役は頼朝が二十本の矢で二〇人の敵を射ることができる者が務めると定めたのであり、そのような勇士が務めることは面目を施すことであると説得したが、胤信は「下劣の職」としてなおも拒否したのである。これに実朝は勝手なふるまいであるとして怒り、胤信の出仕を禁止したという。名誉を重んじ、将軍の命令であろうとも自身の考えを貫く姿は、胤信が誇り高く、頑固な性格であったことを良くあらわしているだろう。また、『吾妻鏡』の胤信に関する記事をみると、胤信は進物の馬を引くことが多く、奉行人として厩《うまや》を管理する奉行になるなど、馬を扱う役目を担っていることが多い。これは胤信が六人の兄弟の中でも、ひときわ馬の飼育や馬術に関して優れていたということを示しているのかもしれない。

四　胤信の晩年

建久十年（一一九九）正月十三日、源頼朝が死去。さらに、二年後の建仁元年（一二〇一）には胤信の父である千葉常胤が死去する。鎌倉幕府草創の英雄が二人続けて亡くなり、幕府自体の在り方も次第に変化し始める。そのような中で胤信はどのように立ち回り、大須賀氏の基礎を築いたのか。胤信の晩年を見ていこう。

頼朝の没後、その子頼家が将軍となりその権力を直ちに継承した。しかし頼家はこの頃まだ十八歳の青年であって、その支配力には不安があった。そのため幕府宿老たちは、将軍頼家の訴訟親裁権を停止させ、宿老十三人が談合で成敗を行なう合議制をしいたのである。将軍独裁の政治体制から御家人中心の政治体制を求める動きが強まると、有力御家人のあいだで政治の主導権をめぐる争いが起き、多くの御家人が滅んでいくこととなった。そのなかで勢力を伸ばしてきたのが北条氏である。[3]

建仁三年（一二〇三）、北条時政は将軍頼家を廃し、その弟である実朝を将軍に立てた。そして自身は執権という立場になって幕府の実権を握るようになったのである。時政は次々と有力御家人を失脚させ、着実に自身の地盤を固めていった。有力御家人であった畠山重忠とも対立し、時政は重忠に謀反の疑いをかけた。そして、元久二年（一二〇五）六月二十二日、重忠討伐の軍を組織しこれを攻め滅ぼしたのである。

このような経過をたどっていった鎌倉幕府であるが、胤信はどのような動きをしたのであろうか。『吾妻鏡』を見てみると、元久二年の畠山討伐軍の中に「大須賀四郎胤信」の名前が見える。胤信は時政の子である北条義時の率いる主力軍に参加し、上総千葉氏の常秀や国分胤通・相馬義胤・東重胤とともにその後陣を勤めたのである。胤信は幕府内で勢力を拡大していた北条氏とも良好な関係を築いていたと考えられ、台頭著しい北条氏方に付くことでこの大きな政治体制の変化に対応したのである。

『吾妻鏡』で胤信がみえる最後の記事は、健保元年（一二一三）五月七日条の和田合戦における論功行賞の記事である。和田義盛は頼朝以来の功臣であり、侍所《さむらいどころ》別当《べっとう》の要職に就いていた幕府最有力の実力者であった。しかしその義盛も北条氏に

3 **岡田清一**『鎌倉幕府と東国』（続群書類従完成会、二〇〇六年）。

よって謀反の疑いをかけられ、追い詰められて挙兵。鎌倉を攻めたのである。胤信はこの和田合戦に際し、千葉成胤の軍に子息通信とともに従って軍功をあげた。ここでの胤信の活躍は高く評価され、これにより恩賞として甲斐国井上庄（山梨県笛吹市御坂町井之上）を賜ったのである。

和田合戦の功により大須賀氏は自身の本拠地からは遠い井上を領することになったが、実際にどのような支配を行なったかについては、奥州の好島庄と違い、まったく不明となっている。現地には大須賀氏に関する史料や伝承も、まったく残されていないのだが、井之上には「明見原《みょうけんばら》」という小字名があり、千葉一族が崇敬した妙見が今も祀られているという。これがわずかに残された大須賀氏の痕跡であるのだろうか。今のところは謎のままである。

おわりに

このように、大須賀胤信は父常胤とともに、関東・九州・東北と日本全国各地を転戦し、鎌倉幕府の樹立に大きく貢献した。そして有力御家人千葉常胤の子息として、頼朝のそば近くに仕え、御家人としても活躍した。頼朝亡き後は、勢力を強めつつあった北条氏と良好な関係であったようである。晩年ながら合戦によって功を示す胤信の姿は、大須賀氏が千葉氏一族のなかで「武」としての一面がひと際強い一族であったことを想起させる。また、胤信は進物などで馬を引いていることが多く、さらに厩を司る奉行にも任命されていることから、もしかすると馬の扱いに精通する人物であったのかもしれない。武人としての活躍だけでなく、政治的な面でもすぐれた感覚を持っているところは、父常胤とも共通する部分であろうか。鎌倉武士としてすぐれた実力を持ち、誇り高く、時には将軍にも逆らってしまうような頑固な人物、それが大須賀胤信といえるだろう。

大須賀氏はその後、戦国時代の末期まで大須賀の地を支配し続け、下総国でも有数の伝統的一族として活躍する。そんな大須賀氏の祖となり、その発展の基礎を作った胤信は、大須賀氏の菩提寺である宝応寺に残る「宝応寺過去帳」および「当寺檀越過去帳簿」によると、健保三年（一二一五）九月十六日に没したとある。[4] 法号は宝応寺殿当山開基全雄英信大居士とされる。また、同じく宝応寺に残された「宝応寺本大須賀系図」では法号が英信幽喜と記述されている。[5]

4 **『大栄町史 史料編Ⅰ 中世』**（大栄町史編さん委員会、一九九四年）。

5 前掲**『大栄町史 史料編Ⅰ 中世』**。

子孫は北総の有力な勢力となる

五男 国分胤通《こくぶたねみち》

外山 信司

千葉常胤の五男で、下総国府《しもうさこくふ》に近い国分郷を与えられ「国分五郎」と称した。父や兄弟たちとともに源頼朝に応じ、鎌倉政権の樹立に貢献した。一ノ谷の合戦では頼朝の弟範頼《のりより》の下で戦い、奥州藤原氏攻めでは東海道大将軍となった父に従った。御家人として活躍する一方、香取《かとり》神領や大戸庄《おおとのしょう》などの地頭として対立を引き起こしながら香取地域に進出し、子孫は北総の有力な勢力として戦国時代まで繁栄した。

はじめに

胤通は千葉常胤の五男で、母は秩父重弘の娘である。生没年は不明であるが、兄師常《もろつね》は保延五年（一一三九）の生まれなので、[1]胤通の誕生はそれ以降である。後述するように建永二年（一二〇七）の文書に「当社地頭平胤通《とうしゃじとうたいらのたねみち》」とあり、この時点まで生きたことがわかる。[2]彼は「国分五郎」といわれ、「香取の海」と呼ばれた広大な内海に面した香取神宮（以下、香取社とする）の神領や大戸庄《おおとのしょう》（香取市・成田市の一部）、松沢庄《まつざわのしょう》（旭市）の地頭となり、[3]その子孫はいわゆる「千葉六党《ちばりくとう》」の国分氏として勢力を伸ばした。国分氏発展の基礎を作った胤通について紹介したい。

外山 信司（とやま しんじ）

一九五八年千葉市生まれ。青山学院大学文学部日本文学科卒業。千葉歴史学会等に所属。主な論文に「戦国期千葉氏の元服」（『中世東国の政治構造　中世東国論上』岩田書院　二〇〇七年）、「藤原保昌伝承と千葉氏」（『中世東国の社会と文化　中世東国論７』岩田書院　二〇一六年）など。

1 『**吾妻鏡**』元久二年（一二〇五）十一月十五日条に六十七歳で没したことがみえる（新訂増補国史大系、吉川弘文館）。

下総国分寺（市川市）

一　国分郷を領する

胤通は父常胤から、下総国府に隣接し、下総国分寺領であった国分郷（市川市）を与えられた。国府には京から赴任した国司（受領《ずりょう》）やその代官である目代《もくだい》の下に、国衙《こくが》（国府の役所）の業務を分掌する「在庁《ざいちょう》官人《かんじん》」といわれる役人たちがいた。京から来た国司の長官である「守《かみ》」や次官の「介《すけ》」に対して、千葉氏は下総国府の在庁官人のトップとして「権介《ごんのすけ》」に任じられた。この「下総権介」という地位こそが、千葉氏の当主が代々「千葉介《ちばのすけ》」を称するゆえんである。

千葉氏は在庁官人として国府に出仕するため、本領千葉庄《ちばのしょう》のほかに国分郷を所領とし、館を設けた。この地には律令国家が造営した国分寺があり、館はその寺域にあったとされる。境内には「国分五郎の供養塔」と伝えられる宝篋印塔《ほうきょういんとう》が二基残されている。

『平家物語』の古い異本である『源平闘諍録《げんぺいとうじょうろく》』には、治承四年（一一八〇）段階で常胤に随う者として「新介胤将・次男師常・田辺田《たべた》の四郎胤信・国分の五郎胤

伝国分五郎の供養塔（下総国分寺）
右には明徳４年、左には応永５年の年号がある

2　**「国分家保存系図」**（海野正造『矢作城主国分家系譜』柳翠史料館、一九七三年）には　保元元年（一一五六）～嘉禎元年（一二三五）とあるが、これは昭和に入って成立したもので、記事の典拠も不明である。

3　**木村修**「大戸庄の成立と沿革」（『千葉県立中央博物館研究報告　人文科学』二号、一九九〇年）。

通・千葉の六郎胤頼・武石の次郎胤重」や「加曽利《かそり》の冠者成胤《かじゃなりたね》」などがみえる。[4] まだ師常は相馬を、胤頼は東を称しておらず、後に大須賀を称する胤信は田辺田（千葉市若葉区多部田町）、胤重は武石（同市花見川区武石町）、孫の成胤は加曽利（同市若葉区加曽利町）といった千葉庄内の郷や村を所領としていた。これに対して胤通だけは千葉庄内ではない国分を称しており、早い段階で国分郷を分け与えられていたことがわかる。

国分郷を領し、国分を名字とすることは、胤通が国衙権力と深く結び付いていたことを示す。後に兄弟たちは新たに進出した地を名字として名乗ったが、胤通は香取社領や大戸庄を領しても、国分を称し続けたのである。これは下総国の一宮《いちのみや》として祭祀や造営に国衙が深く関わった香取社に進出するためには、国衙権力との結びつきが重要な役割を果たしたためと考えられる。孫の時通は「国分寺本主」とされ、[5] 国分の地を領することは国分氏嫡流としてのステイタスであった。

二　父と頼朝に応じる

頼朝が鎌倉政権を立て、父常胤が御家人筆頭としての地位を得ると、胤通も父や兄弟とともに行事や合戦で重要な役割を担った。鎌倉幕府の公的な歴史書『吾妻鏡』によって胤通の動向をみていきたい。

寿永元年（一一八二）八月十八日には、頼朝の嫡子万寿《まんじゅ》（頼家）の七夜の儀が行

4 **福田豊彦・服部幸造**全注釈『源平闘諍録 上・下』講談社学術文庫、一九九九・二〇〇〇年。

5 **「千葉大系図」**（『改訂房総叢書　第五輯』改訂房総叢書刊行会、一九五九年）。

われ、常胤が沙汰した。兄弟たちは甲、鞍を置いた馬、剣などを献上したが、胤通は弓と矢を捧げ持った［口絵参照］。元暦元年（一一八四）の一ノ谷合戦では、胤通は常胤・師常・胤頼とともに頼朝の弟範頼を大将とする大手軍に属した。文治四年（一一八八）七月の頼家の着甲始では、胤通は馬を引き廻している。

翌年に奥州藤原氏攻めが行われ、常胤と常陸の八田知家《はったともいえ》が東海道大将軍として太平洋沿岸を進撃し、八月十二日には常胤と胤通をはじめとする兄弟、孫の成胤・常秀たちは多賀の陸奥国府（宮城県多賀城市）で東山道を進んだ頼朝の本隊と合流した。常胤は恩賞を真っ先に拝領したが、子息たちも奥州各地に所領を与えられ、東北各地で千葉一族が繁栄するきっかけとなった。宮城郡南部に勢力を伸ばして千代《せんだい》城《じょう》（仙台城の前身）を居城とし、後に伊達氏に属した奥州国分氏は胤通の子孫と伝えられる。[6]

三　御家人として

建久元年（一一九〇）十一月、列島の覇者となった頼朝が上洛した。その行列の後陣は常胤が務め、「子息親類等を以て随兵《ずいひょう》と為《な》す」（原漢文）とあるので、胤通も兄弟や一族とともに従ったと考えられる。翌建久二年の元日には常胤が垸飯《おうばん》を担当して頼朝を饗応したが、その際に常胤と子息や一族は進物を献上した。常胤は剣、胤正は弓矢、相馬師常は行縢《むかばき》と沓《くつ》、武石胤盛は砂金、東胤頼は鷲の羽であり、胤通

6 **奥州国分氏**については『仙台市史通史編2（古代中世）』仙台市、二〇〇〇年を参照。

はすぐ上の兄である大須賀胤信とともに馬を進上している。国分氏や大須賀氏が、近世には油田牧《あぶらだまき》・矢作牧《やはぎまき》・取香牧《とっこうまき》となる地を領して馬牧を支配し、名馬を入手することができたためであろう。[7] 同四年の正月にも常胤は垸飯を献じているが、この時も胤通は馬を進上している。

胤通が最後に『吾妻鏡』にみえるのは、元久二年（一二〇五）六月二十一日の畠山重忠が滅ぼされた事件の記事である。討伐軍の大手の大将軍は北条義時であったが、先陣は葛西清重、後陣は胤通が堺常秀・大須賀胤信・相馬義胤・東重胤たちとともに務めている。

このように父や兄弟、甥たちと活動した胤通であったが、『吾妻鏡』に名前がみえる回数をみると、次兄胤信は十八回、すぐ下の弟胤頼は二十五回であるのに対して八回にとどまる。兄弟にくらべて幕府の儀式や行事に登場する機会が少ないが、これは国分氏は在地領主としての性格が強かったためかもしれない。次章では胤通の所領支配について考察したい。

香取神宮（香取市）

四　香取社領に進出

香取社は鹿島社（鹿島神宮）とともに東国を代表する古社として広く崇敬を集めてきた。また、藤原氏の氏神

7 江戸幕府の「佐倉牧」のうちであったが、その起源は中世千葉氏の時代とされる。

である春日大社（奈良市）は香取社と鹿島社の神を祭神とする。香取社の社務権を持つ大宮司《だいぐうじ》（神主）は大中臣氏《おおなかとみし》が、神事奉仕の中心となる大禰宜《おおねぎ》家は中臣氏が務めたが、中臣は藤原氏の本姓であった。さらに、香取社に隣接する大戸庄（香取市の南西部・成田市北東部）も、藤原氏の嫡流で摂政・関白を務める「五摂家」の近衛《このえ》家領であり、実際は大禰宜家が領していた。

　このように藤原氏と深く結び付いていた香取社を支えていた神領（以下、香取社領という）に「香取社地頭」として入部したのが国分胤通であった。胤通は隣接する大戸庄の地頭職《じとうしき》なども得ていた。父常胤から分与されたのである。胤通は社領と大戸庄への進出を強力に進めたが、これは香取社や神官たちとの激しい対立を引き起こしたのであった。

　建永二年（一二〇七）十月、藤原氏の氏長者《うじのちょうじゃ》（族長）で関白・前左大臣の近衛《このえ》家実《いえざね》は[8]、香取社の神官たちに長文の命令を下した。「関白前左大臣近衛家実家政所《かんぱくさきのさだいじんこのえいえざねけまんどころ》下文《くだしぶみ》」である。[9]

　これは「仰《あお》せ下す　当社地頭平胤通条々濫妨《らんぼう》の事」（原漢文、以下同じ）として、国分胤通の横暴ぶりについて「早く停止すべし」や「同じく停止すべし」で始まる十か条にわたり厳しく非難している。胤通の行為の一部を簡単に紹介したい。

一　古来から神領であった相根郷《おうねごう》を「地頭堀内《じとうほりのうち》」（地頭の屋敷や付属地）と号して[10]、香取社からの検注使の立ち入りを拒み、公に納めるべき物や苧《からむし》・桑・

8 近衛基通の長子で、摂政・関白・太政大臣等を歴任し「猪隈関白」といわれた。一一七九〜一二四二年。

9 **「旧大禰宜家文書」**（『千葉縣史料 中世篇 香取文書』千葉県、一九五七年）。

10 相根郷は現在の香取市大根に当たる。

麦や地代を納めないのは言語道断である。

一　神官を責め、不在になった神官の田畠や農民の屋敷を押領し、公に納めるべき物を自分の物として、神に奉仕する役を果たさない。

一　代々神主が衣食にあててきた渡田を押領し、郎従に耕作させている。

一　御宝殿の四面八町に広がる竹林の大竹をほしいままに切り取っている。

一　神主の意志に背いて勝手に神官の座籍を決めている。

一　灯油田の田保村を押領して[11]、神灯を献上しない。

これを承けて、家実は胤通の「無道」「押領」を即刻停止して神官たちの支配下に戻し、神事や祈祷を行うことを命じている。

これをみると、胤通は地頭職と武力を背景に家臣たちを率いて強引に社領を侵略していったことがわかる。この段階は承久の乱（一二二一）で朝廷が幕府に敗北する前であり、いまだ京の朝廷の権威と権力は健在であった。その関白から「無道」の行いとして糾弾されるほどの不法行為を重ねながら、国分氏は在地領主として成長を遂げたのである。

おわりに

国分氏は千葉常胤の子息に始まる御家人の名家であり、「鎌倉殿」と称された将軍に忠節を尽くし、その命を守らねばならないはずである。

11 二俣村ともいう。現在の香取市丁子（ようろご）付近。

ところが、「近衛家実下文」の二年後、胤通が存命であったかはわからないが、承元三年（一二〇九）三月には「鎌倉幕府下知状《かまくらばくふげちじょう》」が発せられている。[12] これは第一条に、神主広房が訴えたので、地頭代を召喚したところ、広房の申すことは非が無く、「地頭押領の由《よし》、殿下政所下文明白なり。」とあるように、関白殿下（家実）の命令を幕府として認めたものである。九条からなる条文は「鎌倉殿の仰せに依り、下知件《くだん》の如し」と結ばれ、将軍実朝が神主の訴えを認め、地頭国分氏の不法行為の停止を命じたものである。

しかし、将軍の命に背くことになっても、国分氏の香取社領や大戸庄への侵略は止まることはなかった。社寺領や貴族の所領に勢力を伸ばすことが在地領主として成長するために必要だったからである。

国分氏のみならず千葉宗家や千葉一族も香取社領への進出を続け、南北朝中期の貞治・応安年間（一三六二～七四）には神官たちも巻き込んで「貞治応安《じょうじおうあん》の相論」と呼ばれる騒動が引き起こされる。こうして国分氏は、戦国期には北総地域を代表する国衆《くにしゅう》（地域権力）となるのである。[13]

12 **「旧大禰宜家文書」**同『千葉縣史料 中世篇 香取文書』。

13 **石渡洋平**「戦国期下総国分氏における矢作物領家と庶流」（『十六世紀論叢』創刊号、二〇一三年）参照。

和歌に秀で歌学の家の道をつくる

六男 東《とう》胤《たね》頼《より》

木村 修

常胤の六男。若年で上洛し上西門院《じょうさいもんいん》に仕え、従五位下《じゅごいのげ》に叙され大夫《たいふ》となった。源頼朝に挙兵を勧め鎌倉幕府の草創に寄与し、信頼され側近くに仕えた。東庄《とうのしょう》を本領にし東氏の祖となり、近隣の所領もあわせると海上郡《うなかみぐん》のほぼ全域を領有した。晩年に出家して法阿《ほうあ》を法号とし、同じ専修念仏《せんじゅねんぶつ》の信者であった歌人武士の宇都宮頼綱《よりつな》との親交を深め、東氏の嫡流家が和歌に秀で歌学の家となっていく道をつくった。

はじめに

胤頼は常胤の六男として生まれた。母は兄たちと同じ、武蔵国の豪族秩父重弘《しげひろ》の娘で、千葉氏関係の伝承などが載る『千学集抜粋《せんがくしゅうばっすい》』[1]では、「重弘の中娘（次女か）」とされている。父から相続した東庄《とうのしょう》という、現在の東庄町付近に存在した荘園を本領とし、その地名を名字にし、東六郎大夫《とうろくろうたいふ》と称した。鎌倉時代の中ごろになり、東氏の嫡流家は新しい領地である美濃国郡上郡山田庄《みののくにぐじょうぐんやまだのしょう》（現在の岐阜県郡上市）に移ったが、その美濃東氏に伝わった『千葉大系図《ちばおおけいず》』[2]には、安貞二年（一二二八）十月十二日に七三歳で逝去、戒名は「通性院殿真岩常源大居士《つうしょういんでんしんがんじょうげんだいこじ》」と記されている。これによるなら、誕生は久寿二年（一一五五）と推定される。

木村 修（きむら おさむ）
海上郡飯岡町（現旭市）出身。國學院大學文学部史学科卒。千葉県公立高等学校教諭、千葉県立中央博物館上席研究員、千葉県立高等学校教頭・校長、日本橋学館大学教授などを経て、現在は成田市・香取市・銚子市の文化財審議委員、印西市史編さん委員などを務める。

1 国立公文書館内閣文庫所蔵。『妙見信仰調査報告書（二）』（千葉市立郷土博物館、一九九三年）。

2 美濃東氏の第十代縁数の後裔と伝える東保胤家に伝来し所蔵される。『千葉大系図』（東庄町教育委員会、一九九五年）として刊行されている。以下、美濃系『千葉大系図』とする。なお、胤頼の没

一　若き日の上洛

胤頼は若年で京に上った。『木内系譜』には、仁安《にんあん》二年（一一六七）、十二歳のときであったと記されている。[3]また『吾妻鏡』も、胤頼の嫡子東平太重胤《とうへいたしげたね》が承元《じょうげん》二年（一二〇八）に上洛したことを、父が「弱冠の当初」に本所《ほんじょ》に仕えた例にならったもので、少しの間でも出仕して奉公したいと願って推挙されたとしていて、[4]当時としてもかなりの若さでの上洛であったのである。

まず、滝口《たきぐち》の武者《むしゃ》になり、御所を警固する任についたと考えられている。滝口の武者になるには、公卿など有力貴族の推挙が必要であった。父の常胤が、これより前の永暦二年（一一六一）ごろ相馬御厨《みくりや》の領有を常陸国の佐竹氏と争ったとき、摂関家に次ぐ家格（清華家《せいがけ》という）である右大臣徳大寺公能《とくだいじきんよし》に、伊勢神宮祭主《さいしゅ》への口利きを依頼したことがあるので、このときにも公能の子の徳大寺実定《とくだいじさねさだ》に推挙を頼んだのではないかと推測されている。[5]

滝口の武者になって、摂津国《せっつのくに》を本拠とする有力武士の遠藤持遠《もちとお》の知遇を得、持遠に推挙されて上西門院《じょうさいもんいん》[6]に仕えた。美濃系『千葉大系図』には胤頼の妻が遠藤左近《さこん》将監《しょうげん》持遠の娘と記され、事実ならば、持遠は自分の仕える上西門院に推挙したうえ婿にもしたのであり、胤頼をよほど見込んでいたと思われる。

さらに、上西門院の御給《ごきゅう》といって、同院から朝廷に申請されることにより従《じゅ》五位下《ごいのげ》に叙された。御給で叙位《じょい》されるにはそれなりの叙料を納めなければならず、

年について、国立公文書館内閣文庫所蔵『系図纂要巻四九』（『系図纂要新版第八冊上平氏（２）』）は弘安十一年（一二八八）一月二二日とする。

3　東京大学史料編纂所所蔵影写本『木内系図全』。木村修「東部常総国境地域の木内氏関係史料」（『千葉県立中央博物館研究報告―人文科学―』通巻六号、一九九三年）に、翻刻がある。本系図には、千葉胤正の子の常秀を胤頼の子として記載する混乱や、従五位下の胤頼が正五位下相当の左近衛少将に任じられたとするなどの疑問があり、参考にとどめておきたい。なお、胤頼が源頼朝の烏帽子子で頼の一字を賜ったこと、父常胤が頼朝の諱字の頼を上の字にして頼胤にしたいと言ったところ、頼朝が千葉常将の羽衣伝説をあげ、千葉氏は天人の子孫なので下に付けて胤頼にするのがよいとしたとの記載もある。

それは常胤が用意したのであろう。また、上西門院の母の待賢門院璋子《たいけんもんいんしょうし》は藤原公実《きんざね》の娘で、公実の子の徳大寺実能《さねよし》は、前述した以前常胤が伊勢神宮祭主への口利きを依頼したときの公能の父親である。そして、実能と待賢門院璋子の母親は藤原隆方《たかかた》の娘の光子であった。[7]父母が同じ二人の心は近かったと推測され、常胤の持っていた徳大寺家とのパイプが、ここでもプラスになったかもしれない。そもそも胤頼の上洛は父の意向であったろうし、上西門院への出仕、御給による叙位も、常胤の意思が大きかったのではないかと思われる。

　従五位下の位を得た胤頼は大夫《たいふ》と称された。大夫とは、律令制による位階の五位の者をいい、『吾妻鏡』で、胤頼は「千葉六郎大夫」「東六郎大夫」のように大夫をつけて呼ばれている。当時の東国武士で、従五位下の位階を持つ者は限られていた。胤頼のような若さではなおさらで、それは父常胤の正六位上《しょうろくいのじょう》をも超えていたのである。これについて『吾妻鏡』に次のような話が載っている。

　文治二年（一一八六）正月三日、源頼朝が御家人たちを従え鶴岡八幡宮に詣で、神拝のとき御家人たちが左右に分かれ着座した。このとき胤頼が常胤に相対する席に着いた。さすがに遠慮して少し下座がわに寄って座ったが、父と対等の席に着いたのを見て、御家人のなかに眉をひそめる者がいたという。ところが、この座次（席順）は頼朝の考えによっていた。常胤は父とはいえ六位、胤頼は子ではあっても五位、天皇が授けた官位の秩序は尊重されるべきというのがその理由とされている。

4 **『新訂増補国史大系吾妻鏡第二』**（吉川弘文館、一九七一年）承元二年閏四月二七日条。以下、『吾妻鏡』はこの国史大系本による。

5 **野口実**『坂東武士団と鎌倉』（戎光祥出版、二〇一三年。かまくら春秋社『鎌倉の豪族Ⅰ』の改題再刊）参照。

6 上西門院は鳥羽天皇の第二皇女。母は待賢門院藤原璋子。名ははじめ恂子、のち統子と改名。

7 **『新訂増補国史大系尊卑分脈第二篇』**（吉川弘文館、一九七四年）。以下、『尊卑分脈』はこの国史大系本による。

また、この日の記事のなかでは「散位《さんい》胤頼」とも記されている。散位とは位階は持つが官職についていない者をいう。胤頼はいわゆる無官大夫《むかんたいふ》であったことになる。そして『吾妻鏡』はこの話に続け胤頼の従五位下の由来を、平氏全盛のときにありながらそれにおもねらず遠藤持遠の推挙で上西門院に仕え、その御給で従五位下に叙されたとし、さらに持遠を通じて持遠の子で神護寺僧侶の文覚上人《もんがくしょうにん》を師と仰ぐようになり、その文覚とともに頼朝に挙兵を勧め、父を促してまっさきに頼朝に参向させたのであり、兄弟の中でも抜群の大功と称えるのである。文覚は出家する前には遠藤武者盛遠《もりとお》という上西門院に仕える武士で、頼朝も若いときは上西門院蔵人《くろうど》であったので、[8]三人は上西門院を通じて結ばれていたのである。

常胤の子の一人、近江国園城寺《おうみのくにおんじょうじ》（三井寺）の僧の律静房日胤《りつじょうぼうにちいん》も、頼朝の所願成就のため祈祷し、[9]やはり挙兵前の頼朝に通じ、胤頼や文覚とも連絡があったとみられる。平氏政権のもとで下総国では平氏と姻戚の藤原親政《ちかまさ》（千田親正《ちだちかまさ》）が勢力を伸ばし、千葉氏は圧迫されていた。その状況を打開するのは常胤の宿願であり、それはまた父の思いを知る胤頼・日胤の目指すところでもあった。

二　頼朝の信頼

『吾妻鏡』の語るところによると、治承《じしょう》四年（一一八〇）六月二七日、胤頼は京から下総への帰途、相模国《さがみのくに》の豪族三浦義明《よしあき》の次男でのちに幕府の宿老となる義澄《よしずみ》と

8 **『新訂増補国史大系公卿補任第一篇』**文治元年の項（吉川弘文館、一九七一年）。

9 **『吾妻鏡第一』**養和元年五月八日条。

二人で伊豆国北条の源頼朝のもとに参向し、三人だけで密談した。推定される生年からすると、胤頼が二五歳のときのことになる。同年四月に以仁王《もちひとおう》が諸国の源氏に平氏の追討を命じる令旨《りょうじ》を出し、挙兵して以後の京周辺の情勢を報告し、すでに挙兵を決意していた頼朝と今後の方策を話し合ったのであろう。

挙兵後の石橋山の戦いで敗れたあと頼朝は安房国《あわのくに》に上陸し、使者を千葉常胤と上総《かずさ》広常のもとに遣わし、すみやかに参向するよう求めた。この使者を迎えたとき、常胤のそばにいた長男胤正《たねまさ》と胤頼は、父にいち早く参上することを勧め、さらに胤頼は、平氏の方人《かたうど》（味方）である下総国目代《しもうさのくにもくだい》（国司の代官）を先に討つべきであると進言し、胤正の嫡子の成胤《しげたね》とともに下総国府に目代を攻め、その首を取ったとされている。[10]

頼朝はこのあと鎌倉に入り、治承四年十二月十二日、新築のなった大倉御所への移徙《いし》（転居）の儀を執り行った。このとき頼朝に供奉したのは、千葉氏では常胤・胤正・胤頼の三人であった。また、寿永元年（一一八二）七月十二日、頼家の出産を間近にした頼朝の妻政子が比企谷殿《ひきがやつどの》に渡御したときには、梶原景季《かげすえ》と胤正・胤頼の三人に供が命じられた。さらに、文治元年（一一八五）十月二四日、鎌倉勝長寿院の落慶供養《らっけいくよう》では、頼朝のすぐ後に五位六位の身分の三二人が供奉《ぐぶ》したが、千葉氏でその中にいたのは常胤と胤頼の二人であった。儀礼の場では、六男ながら大夫の胤頼には父に並ぶ位置が与えられていたのである。

10 『**吾妻鏡第一**』治承四年九月九日・十三日条。

さらに、文治二年六月一〇日、頼朝が自分の乳母《めのと》の比企尼《ひきのあま》の長女丹後内侍《たんごのないし》が病床に伏している甘縄《あまなわ》の屋敷を、ひそかに見舞ったとき供を命じられたのは胤頼と結城《ゆうき》朝光《ともみつ》の二人だけであった。朝光の母の寒河尼はやはり頼朝の乳母の一人で、頼朝は朝光の烏帽子親《えぼしおや》となり側近く仕えさせていた。このとき頼朝は、親しく信頼できる二人だけを供にしたのであった。

その後も、建久元年（一一九〇）十月三日、頼朝が上洛の途についたときには、常胤に胤頼と孫の常秀を従えて供奉することが命じられた。また、建久三年十一月二五日、頼朝が鎌倉二階堂に造営した永福寺《ようふくじ》の供養に臨んだときは、胤頼が源範頼《のりより》・安田義定・足利義兼《よしかね》ら錚々たる御家人とともに頼朝のすぐ後に従った。このほか建久五年八月八日の頼朝の相模国日向山《ひなたやま》薬師への参詣、同年十二月二六日の永福寺薬師堂供養に供奉し、建久六年三月一〇日の奈良東大寺供養では先陣随兵《ずいひょう》をつとめた。

いっぽう、寿永元年八月の頼家誕生の七夜《しちや》の儀では、常胤が沙汰をし、常胤の妻（胤頼兄弟の母）が陪膳をつとめ、子息六人で進物を進上した。また、建久二年と同四年の元旦、歳首の埦飯《おうばん》（将軍への饗応）の沙汰人を常胤がつとめたときにも、兄弟全員がそれぞれの役をつとめた。このように父と兄弟六人がそろって奉仕することもあったが、前述のように胤頼ひとりが頼朝から供を命じられることもあり、幕府成立後も胤頼は頼朝に信頼され側近く仕えたのである。

『千葉実録』は、治承四年（一一八〇）に寒川（千葉市中央区）の橋で頼朝を迎えたときに、橋の名を問われた胤頼が待橋と答え「見かくれて八重の潮路を待橋や渡りも敢へず帰る舟人」の歌を献じたという逸話を載せる。[11] 和歌を介した二人のエピソードとして興味深く、若き日々を都ですごした胤頼なら、頼朝との間にときにこのような場面があったかも知れないと想像される話になっている。そんな胤頼の一面があったなら、頼朝にはそれもまた好ましく感じられたのではなかろうか。

三　軍陣の胤頼

胤頼の軍事行動としてまず史料にあらわれるのは、『吾妻鏡』の記す前述の下総国目代への襲撃であり、そのあとの、『源平闘諍録《げんぺいとうじょうろく》』が伝える千葉氏の宿敵、千田親正（藤原親政）との合戦である。千田庄《ちだのしょう》（現多古町付近）と立花郷《たちばなごう》（のちの東庄）を領有し、下総国東部に勢力を築いていた平氏方の親正が千葉氏の本拠を襲い、これを胤正の子成胤が都川河口付近の結城浜で迎え撃とうとしたが、劣勢に追い込まれた。そこを、胤頼が兄の多部田四郎胤信・国分五郎胤通、甥の武石次郎胤重・堺平次常秀らと救援し、親正を千田庄次浦《つぎうら》の館《たち》（多古町）へ退却させたという。[12] このあとの胤頼は、治承四年十月に頼朝軍が平氏軍と対峙し退却させた富士川の戦い、翌月に常陸国金砂城《かなさじょう》（常陸太田市）を攻め佐竹氏を破った佐竹合戦でも、常胤率いる千葉氏軍勢の一翼を担っていたと思われる。

11『**改訂房総叢書第二輯**』（千葉県郷土資料刊行会、一九七二年）。

12 国立公文書館内閣文庫所蔵『源平闘諍録』（福田豊彦・服部幸造全注釈『源平闘諍録（下）』講談社学術文庫、二〇〇〇年）。福田豊彦「『源平闘諍録』の成立過程」（『千葉県史研究第十一号別冊中世特集号中世の房総、そして関東』千葉県、二〇〇三年）参照。

寿永三年（一一八四）になり、頼朝は軍勢を西上させ、正月二十日に源義仲を近江国粟津《あわづ》（大津市）で敗死させた。『源平闘諍録』は、このときの瀬田の大手の大将軍が頼朝の弟の源範頼、千葉常胤は侍大将軍となって、胤頼らの千葉一族がその軍勢を構成したと伝える。[13]さらに平氏を討つべく二月五日に一ノ谷に集結したとき、範頼が率いる大手軍には常胤と相馬師常・国分胤通・胤頼が加わっていたと『吾妻鏡』は記す。その二日後の合戦で敗れた平氏は四国に逃れ、翌年二月の屋島の戦いを経て、三月の壇ノ浦の戦いで滅亡したのであった。

いよいよ残されたのは奥州平泉に栄華を誇った藤原氏となり、文治五年（一一八九）七月、頼朝は鎌倉を出陣した。三手に分かれ北上し、常胤は八田知家《はったともいえ》とともに太平洋側を進む海道軍の大将軍を命じられ、大手を進んできた頼朝と八月十二日に多賀国府《たがのこくふ》で合流した。このとき常胤には、胤頼ら六人の兄弟と胤正の子成胤・常秀が従い、千葉氏の総力をあげた行軍であった。胤頼は二五日、逃れた藤原泰衡《やすひら》の行方を追及する頼朝から衣河《ころもがわ》の館へ派遣され、戦わずして降ってきた泰衡の外祖父藤原基成《もとなり》と子息三人をつれて戻った。九月二十日の勲功の賞を「最前に拝領」した常胤は、陸奥国南部に多くの所領を獲得した。江戸時代中期につくられた『奥相秘《おうそうひ》鑑《かん》』には、このとき東六郎大夫が黒川郡（宮城県中部）を賜ったと記される。[14]

13『**源平闘諍録（下）**』

14『**奥相秘鑑**』（『相馬市史第五巻資料編2』相馬市、一九七一年）。野口実「東国政権と千葉氏」（『第二期関東武士研究叢書5 千葉氏の研究』名著出版、二〇〇〇年。初出は一九七七年）参照。

四　海上郡の領主

常胤は幕府成立の過程で新しく得た所領を子供たちに分与し、胤頼には下総国海上郡の東庄・三崎庄《みさきのしょう》（海上庄）・木内庄《きのうちのしょう》・小見郷《おみごう》が譲られた。東庄は、鎌倉時代中頃までは橘庄《たちばなのしょう》ともいわれたように、国衙領《こくがりょう》の立花郷をもとに成立した荘園である。立花郷は十一世紀初めに、海上郡を勢力下においていた平忠常によって開発されたとみられるが、忠常が乱を起こしたためいったん荒廃し、その後また開発されて、平安末期には千葉常重と常胤の父子が領有するようになっていた。ところが、国司として京から赴任した下総守《しもうさのかみ》藤原親通《ちかみち》が、公田官物《こうでんかんもつ》（税）の未進《みしん》（未納）を理由に没収し私領にしてしまった。そして、親通から子の親盛《ちかもり》、孫の親政へと譲渡され、その過程で荘園となり、平安時代末には関白九条兼実《くじょうかねざね》の弟藤原兼房《かねふさ》が荘園領主になっていたのである。[15]

親政はこの東庄と、近隣の千田庄（多古町付近）や匝瑳北条《そうさほうじょう》（匝瑳市北部付近）を支配したが、幕府成立の過程で常胤に討たれた。そして、常胤が地頭職《じとうしき》に補任され千葉氏の支配を復活させたのである。その東庄を相続したのが胤頼で、これを本領と定め名字の地にしたのである。『千葉大系図』は胤頼が東庄内の上代《かじろ》村前野城（旭市）に居したと記し、[16]『木内系譜』は上代の前掛城に居し、のちに小南《こみなみ》の沼闕《ぬまかけ》城に居したとしている。[17] また東庄町の須賀山にも胤頼が居したとする伝承があり、近くの芳泰寺《ほうたいじ》（香取市岡飯田）には胤頼夫妻のものと伝える墓がある。

15 **『吾妻鏡第一』**文治二年三月十二日条。藤原親通・親政関係については、野口実『中世東国武士団の研究』（高科書店、一九九四年）参照。

16 **『改訂房総叢書第五輯』**（註11に同じ）。なお美濃系『千葉大系図』は「前掛城」とする。

いっぽう三崎庄を平安末期に支配していた在地領主は片岡次郎（八郎とも）常春であったが、舅である常陸国の佐竹義政に同心し頼朝に謀叛した嫌疑で没収され、常胤が地頭職を与えられ、それを胤頼が譲られたのであった。[18] 海上庄ともよばれ、胤頼から嫡子重胤が、重胤から子の胤方《たねかた》らへと譲られ、この海上氏が戦国時代までの領主となった。[19]

木内庄の平安時代末の荘園領主は、東庄と同じ藤原兼房であった。[20] 在地領主は上総介広常の兄弟の常範《つねのり》で、『神代本《くましろぼん》千葉系図』には「木内太郎但小見九郎」と記され、[21] 木内庄と小見郷を領有していたとみられる。広常が寿永二年（一一八三）十二月に謀叛の嫌疑を受け滅亡したあと、常胤に与えられ胤頼が継承した。胤頼は『神代本千葉系図』では木内六郎大夫と記されている。[22] 胤頼から木内庄を譲られた次男胤朝が木内氏となり、胤朝《たねとも》の子胤時が小見氏となった。[23] このように、胤頼は当時の海上郡のほぼ全域を領有した。また、『千葉大系図』は胤頼の子胤康《たねやす》を風早《かざはや》四郎入道と記しており、風早郷（松戸市付近）もまた常胤から譲られ胤康に継承させたのではないかとされている。[24]

五　念仏と和歌

元久元年（一二〇四）の冬、胤頼は京で出家した。その様子が、『法然上人《ほうねんしょうにん》絵伝《えでん》』[25]の巻四三に次のように伝えられている。浄土宗の開祖法然の弟子の西仙房心

17　註3に同じ。

18　**『吾妻鏡第一』**治承五年三月二七日条、文治元年一〇月二八日条、文治五年三月一〇日条。

19　片岡常春の父は海上庄司を称した常幹で、常幹の父は海上与一介を称した常衡である。常衡は、千葉常胤の祖父常兼の子で、常胤の父常重の兄弟にあたる。従って、この常衡・常幹・常春と続いた海上氏と、常胤の六男東胤頼の孫胤方から始まる海上氏は別系統になる。

20　**『吾妻鏡第一』**文治二年三月十二日条。

21　**『改訂房総叢書第五輯』**。

22　**『改訂房総叢書第五輯』**。

23　**『改訂房総叢書第五輯』**。

寂は、日ごろ姉小路白川祓殿《あねのこうじしらかわはらいどの》の辻子《つじ》で念仏生活を送っていたが、臨終を迎え端座合掌のまま声高く念仏を唱え往生した。するとあたりには香気が漂い、心寂の着ていた紙の衣からも異香がし、人々はその衣を分かち取った。大番役で上洛していた胤頼がその光景を見て心打たれ、即座に発心し出家したというのである。「上人給仕の弟子法阿弥陀仏これなり」と絵伝は記し、法然上人の側近くに仕えるようになったとしている。[26]

また、同じ『絵伝』の巻四二には、出家し法阿を法号とした胤頼の、いわゆる嘉禄《かろく》の法難《ほうなん》での行動が伝えられている。この法難は、法然が建暦二年（一二一二）に亡くなってから十五年後の、嘉禄三年（一二二七）六月に起こった。法然の説いた、往生のためにはただひたすら阿弥陀仏の名号を唱えるだけでよいとする専修《せんじゅ》念仏《ねんぶつ》の停止を要求し、念仏者を見つけては着ている黒衣を破るなど乱暴をはたらいていた延暦寺の僧徒が、ついに法然の大谷墓堂を破却しその遺骸を鴨川に流そうとした。これを知って六波羅探題から内藤五郎兵衛尉盛政《ひょうえのじょうもりまさ》法師西仏《ほうしさいぶつ》が駆けつけたが、すでに破却は始まっていた。なんとか制止しその場はおさまったが、再度の襲撃を恐れて法然の弟子たちは、その夜半秘かに遺骸を嵯峨へと避難させた。その移送途中での襲来に備え、宇都宮弥三郎入道蓮生《れんしょう》（頼綱《よりつな》）・塩屋《しおや》入道信生《しんしょう》（朝業《ともなり》）・千葉六郎大夫入道法阿（胤頼）・内藤兵衛入道西仏（盛政）ら、念仏者であった御家人たちが法衣の上に武装し、家子郎等《いえのころうとう》を率い千人あまりの隊列で護衛したとされている。

24 **『改訂房総叢書第五輯』**。なお、風早という地名は旭市（旧干潟町）桜井（東庄の庄域内にあたる）にも残る（『角川日本地名大辞典十二千葉県』小字一覧）。

25 京都市知恩院所蔵。『続日本の絵巻3 法然上人絵伝下』（中央公論社、一九九〇年）による。

このとき胤頼が行動をともにした宇都宮頼綱は、社檀（神社）としての宇都宮（現二荒山神社）の神主家であったが、社檀の宮中に念仏堂を造立し念仏衆をおくほどに厚い阿弥陀信仰の人でもあった。塩屋朝業はその弟である。鎌倉時代の宇都宮氏は京都との宗教的・文化的な交流が深く、頼綱も後半生のほとんどは妻とともに京都で風雅のうちに過ごした。そして、三人の娘を内大臣土御門通成《つちみかどみちなり》、権大納言《ごんのだいなごん》藤原為家《ためいえ》、太政大臣藤原実房《さねふさ》に嫁がせている。そのひとり藤原為家は、宇都宮頼綱と親交が深かった和歌の師範藤原定家の長子で、頼綱の娘は、為家の子で二条家の祖となる為氏《ためうじ》と、京極家の祖となる為教《ためのり》を生んだ。[27] 為家は、定家の小倉山荘の近くにあった頼綱の嵯峨中院の別荘を譲り受けて住み、[28] その子為氏は二度にわたり下野国《しもつけのくに》の宇都宮を訪れている。宇都宮一族の歌集である『新和歌集』は、為氏が宇都宮に下向して撰したとされている[29]ようにその関係は深かった。

頼綱や朝業、朝業の子の笠間時朝《かさまときとも》なども定家や為家から和歌の指南を受け、鎌倉時代に京都・鎌倉と並ぶ日本三大歌壇の一つであった宇都宮歌壇をなしたのである。

頼綱は、父成綱《なりつな》（業綱）が早世したため、祖父の朝綱《ともつな》から家督を継承した。美濃系『千葉大系図』は、その朝綱の娘を胤頼の嫡子重胤の妻と記している。重胤は『東系図』[30] に歌人で、定家と実朝の弟子と記され、『吾妻鏡』には将軍源実朝に和歌の才を愛された「無双の近侍《きんじ》」と記されている。[31] 実朝と京の定家との間を取り結ぶ役を果たしていた定家の弟子の内藤朝親《ともちか》とも、実朝が催す歌会で同席するなど交流が

26 『法然上人絵伝』巻二六は、宇都宮頼綱が承元二年（一二〇八）法然にめぐりあい一向専修の行者となりついで出家したとする。しかし、『吾妻鏡』は頼綱が出家したのは、北条時政とその妻牧の方が将軍実朝にかえて娘婿の平賀朝雅を立てようとした陰謀への荷担を問われた元久二年（一二〇五）八月十六日で、一族六〇余人がともに出家したとする。高僧伝には後世の脚色が混在する可能性が否定できず、胤頼の出家の事情についても慎重な検討が必要なことには注意したい。

27 **『尊卑分脈第一篇』**。『宇都宮系図』（『続群書類従』第六輯下）。

28 **石田吉貞**『藤原定家の研究』（文雅堂書店、一九五七年）。

あった。[32] 重胤には、妻も含め和歌に親しむ環境が整っていたのであり、宇都宮氏を通じ、内藤朝親を介し、また上洛のときには為家の指導などを直接受ける機会があったのかもしれない。

重胤の嫡子胤行は法名を素暹《そせん》といい、さらに和歌に秀でた。『東系図《とうけいず》』に「為家卿歌道相伝」、『遠藤家譜』[33]に為家門弟の第一と記され、美濃系『千葉大系図』には、胤行の妻が藤原為家の娘で、[34] 為家から門弟第一と認められ『古今和歌集』の秘奥を伝授されたと記される。その詠歌は、『続後撰集』以降の代々の勅撰《ちょくせん》和歌集に合計二二首、母の生家である宇都宮氏の『新和歌集』[35]に九首、将軍宗尊親王《むねたかしんのう》を中心とする鎌倉歌壇の『東撰和歌六帖《とうせんわかろくじょう》』[36]に二二首入集しているのをはじめ、『金槐和歌集』に実朝が胤行に遣わした歌とそれへの返歌が載るなど、いくつかの和歌集に集録されてこんにちに伝わる。また胤行の娘も、『新続古今和歌集』[37]に「平胤行女」、『東撰和歌六帖』に「素暹女」として各一首が載るように、歌人であった。[38] 胤行は、源実朝、藤原頼経《よりつね》・同頼嗣《よりつぐ》、宗尊親王の計四代の将軍に仕え、宝治二年（一二四八）には将軍頼嗣の右筆《ゆうひつ》に選任された。これを『吾妻鏡』は、千葉一族からは初めての右筆であり「文武兼備の士」であると評した。[39]

おわりに

胤行と彼の娘だけでなく、その後の歴代当主も七人が勅撰集に入集するなど、東

29 **『下野国誌巻三』**（国立国会図書館所蔵）。

30 **『続群書類従』** 第六輯上、系図部。

31 **『吾妻鏡第二』** 建永元年十一月十八日条。

32 **『吾妻鏡第二』** 建永元年二月四日条。

33 国立公文書館内閣文庫所蔵。

34 『系図纂要』（註2に同じ）も、胤行が大納言為家卿に和歌を学び、卿の女（娘）を娶ったと記す。

35 **『群書類従』** 第一〇輯、和歌部。宇都宮市の二荒山神社所蔵本は「新式和歌集」とする。

36 **『新編国歌大観第六巻私撰集編Ⅱ』**（角川書店、一九八八年）。

氏は中世歌壇史に名を残した。さらに、胤行から七代あとの末孫で、勅撰和歌集（二十一代集）の時代が終わったあとに登場した東常縁《とうつねより》は、文明三年（一四七一）に連歌《れんが》師の宗祇《そうぎ》に古今伝授《こきんでんじゅ》を授け、歌学史にその名を刻んだ。常縁は、東国に下向した折の康正二年（一四五六）春に鎌倉で、藤原為家の子為相の撰と推定されている『拾遺風躰集《しゅういふうていしゅう》』を披見し、そこに素暹すなわち胤行の歌二首を見い出し、自らの歌学書『東野州聞書《とうやしゅうききがき》』に書き留めた。[40]常縁にとって胤行は、『古今和歌集』の秘奥を為家から伝授された歌道の家の祖であった。その名を目にしたときの感慨はひとしおであったものと推察される。

このように東氏は和歌にすぐれたが、そのおおもとは胤頼のときにあった。さきの『千葉実録』の源頼朝に歌を献じた話は、青春期を京ですごした胤頼がその文化にふれ和歌に親しんでいたことを物語っていよう。宇都宮頼綱との交わりは、信仰を同じくするだけでなく和歌にも及んでいたであろうし、宇都宮氏を仲立ちに、藤原定家・為家父子との関係も生まれたのではないだろうか。それらが大きく花開いたのが、胤行のときであった。胤頼は、東氏が歌学の家となっていくための道をつくった初代でもあったのである。

37 **『新編国歌大観第一巻勅撰集編』**（角川書店、一九八三年）。

38 東氏の和歌については、外山信司「鎌倉時代の東氏―東国武士の歌の家―」（註12『千葉県史研究第十一号別冊』二〇〇三年）、木村修「東氏の歌学をめぐって」（『千葉史学第四二号』二〇〇三年）参照。

39 **『吾妻鏡第三』**宝治二年九月二〇日条。

40 **『群書類従』**第十六輯。

天台宗三井寺の僧侶となる

七男 日胤《にちいん》

濱名 徳順

千葉常胤の子息で僧侶となり、源頼朝の祈祷師であったという。律静房と称し、天台宗寺門派の総本山である三井寺（園城寺）に住した。以仁王と源頼政が反平家の兵を挙げ、王が三井寺に入り、さらに奈良に向かうとこれに従った。平家軍の追撃を受け、王とともに光明山鳥居前で討ち死にしたが、常胤が頼朝に応じるにあたり大きな影響を及ぼしたと考えられる。千葉氏の有力な家臣となった円城寺氏は、日胤の名跡を継いだ一族と伝えられる。

常胤の息子には、やがて六党《りくとう》の祖となる六名以外に、日胤《にちいん》と云う僧がいたとされる。日胤は三井寺に在住し頼朝の護持僧であったが、治承四年（一一八〇）五月以《もち》仁王《ひとおう》の挙兵に際し南都に同行中戦死したという。この話の基となっているのは『吾妻鏡』の翌養和元年五月八日の条で、日胤の弟子の日恵が鎌倉に上り、師日胤は頼朝の命により石清水八幡宮寺に籠って大般若經一千日黙読祈祷中、六百日目に瑞夢を見たことにより以仁王の下に馳せ参じ、光明山鳥居前（京都府木津市山城町綺田に所在した光明山寺の鎮守社）にて王に殉じたこと、自分は師より託されて残り四百日の祈願を済ませ、報告のために参上したと記している。

三井寺金堂

濱名 徳順（はまな とくじゅん）

天台宗宝聚寺住職。千葉氏顕彰会副会長。山武市・富津市文化財審議委員、朝日カルチャー千葉講師。美術・仏教史を専門とし、『千葉県の歴史 通史編 中世』では仏教美術の項を執筆。その他『北総の名刹巡礼』等、書書・論文多数。『千葉氏とその時代』『仏像半島』等展示会の企画も行っている。

この他、『平家物語』諸本や『玉葉』《ぎょくよう》[1]、『山槐記』《さんかいき》[2]等も以仁王の配下に三井寺僧の「律静（上）房」あるいは「日胤」なる僧がいたことを記しているので、日胤の実在は概ね事実と考えられるが、信頼性が高いと言われる九州系の系図や『尊卑分脈』《そんぴぶんみゃく》の千葉氏系図に日胤の名は見られない。千葉氏側の記録を多く活用したとされる『源平闘諍録』もこの部分を欠いているので、日胤が常胤の息子であったかどうかは存外不確実ものと言わざるを得ない。もっとも、六男胤頼が伊豆配流中の頼朝と交流があったことは間違いないことで、平家政権が末期を迎える中、常胤が子弟の一人を僧として中央に置いて、情報源としていたことは充分にあり得ることである。なお、野口実氏等は日胤は他の六名と母親が違うとの指摘をしているが、これも何ともいえない。もっとも推定年齢を考えると言われるように七男である可能性は低いといえる。

三井寺尊星王

日胤の伝承で興味深いのは他ならぬ三井寺に住していたことで、三井寺には平安以来妙見信仰の中心地としての側面がある。これは中興の祖智証大師円珍が唐の密教家法全《はっせん》より伝授されたものとされ、特別に尊星《そんじょう》王《おう》とも呼称されて、その修法は天空

1『玉葉』平安末～鎌倉初期に活躍した公卿九条兼実の日記で、六六巻よりなる。現存部分は長寛二年（一一六四）から建仁二年（一二〇二）までである。源平合戦や鎌倉幕府草創期の貴重な資料となっている。

2『山槐記』平安末の公卿中山忠親の日記。仁平元年（一一五一）から建久五年（一一九四）までのものが断続的に伝わっている。源平抗争の詳細な記録が貴重である。

をコントロールする秘法として高名なものであった。周知のように千葉氏は妙見菩薩を累代の守護神とする一族であるが、日胤を通じて三井寺の妙見信仰が導入されたのではないかとする説がある。しかしながら、近年の研究で千葉氏の妙見信仰は鎌倉初期に遡るものではないことが指摘されており、よしんば三井寺の影響下に成立した可能性はあっても日胤とは無関係と言わざるを得ないだろう。

次に、『千葉大系図』は日胤の没後、常胤がその菩提を弔うため下総印旛郡に一寺を定めて「圓城寺」と号した。また、その領所は日胤の氏族に委ねたが、後裔は圓城寺某を称するようになったと記している。これは室町期に原氏と対抗するほど台頭する家臣圓城寺氏と三井寺の正式名「園城寺《おんじょうじ》」とを結び付けたもので、そのまま鵜呑みにすることは出来ないのだが、千葉市北部の印旛沼にほど近い辺りに、かつて三井寺系（天台寺門派）の寺院が所在したことは誠に興味深い。なお、中世下総国における三井寺領としては現在の多古町北部に当たる玉造庄がある（『吾妻鏡』文治二年三月一三日条）が日胤との関係は不明である。

一つは八千代市村上に所在する正覚院《しょうかくいん》で、同寺に伝わる『村上正覚院釈迦如来縁起』によると、本尊釈迦如来像は智証大師円珍が体部を制作したものとされる（実際には鎌倉後期作の清凉寺式釈迦如来・県指定文化財）。延宝年間に縁起をしるした日運は真言僧なので、中世には同寺が寺門派であったと見るべきだろう。また、現在は千葉市若葉区若松町に移転しているが、平安中期に遡る本尊不動明王像を擁する大聖寺は現在真言宗に属するが、かつては印旛沼にほど近い宇那谷町に所在し、山号も智証山と称するのである。こちらは多くの古仏を所伝するが、それは天台系の像容を示している。このことで、中世の、それもかなり古い時期に寺門派の教線が千葉庄から印西条近辺に展開したことは間違いのないところだろう。これが日胤や件の圓城寺と結びつくかは確かめることも困難なのだが、鎌倉期の千葉氏と三井寺との間に相応の関係があった可能性は指摘できる。

また、佐倉市城に光明山円城寺という寺があり、そこに所在した銅造千手観音坐像と銅造薬師如来坐像が現在千葉市猪鼻の胤重寺（浄土宗）に移座されていることも記しておくべきだろう（『千葉市の仏像』）。この仏像がいずれも鎌倉時代に遡る古像であることは興味深い。なお、光明山円城寺には隣接して円城寺氏の館跡も確認されているが、これがどの時代まで遡るかは詳らかではない。

円城寺氏については観応三年（一三五二）四月十六日の「足利尊氏御教書」（「円城寺文書」）に登場する円城寺七郎が文書上の初出で、その他古いところでは多古町妙光寺日蓮聖人像（ひげの御祖師さま・永和二年 一三七六）の造像檀那である円城寺図書左衛門尉源胤朝等が知られている。円城寺胤朝は千田氏当主である千田義胤の命で中山本妙寺に所領の安堵状も発給しており（「中山法華経寺文書」）、この時期は千田庄を拠点としていたものと思われる。千田氏に伴い肥前国に進出した者もいて、後世竜造寺氏の家臣に円城寺信胤なる猛者もいたようである。室町時代には千葉氏家臣団の中で原氏と肩を並べるほどの大きな勢力を持つようになるが、その頃には本拠を印旛郡に移している。中世円城寺氏がことさらに日胤との関係を主張している様子は窺えないので、日胤の後裔というのは伝承に過ぎないというのが実際の所だろうか。

〈参考文献〉

千葉開府八百年記念祭協賛会編『千葉大系図』（崙書房 一九七五年）、野口実『鎌倉の豪族 1』（(株) かまくら春秋社 一九八三年）、「円城寺文書」『千葉縣史料 中世篇 諸家文書 補遺』（千葉県文書館 一九九一年）、『千葉市の仏像』（千葉市教育委員会 一九九二年）、「中山法華経寺文書」『中山法華経寺史料』（吉川弘文館 一九九四年）、『正覚院鴨鷺寺縁起 おしどり寺ものがたり』（正覚院 一九九六年）、「九州千葉氏伝来の系図」『研究紀要第7号』（千葉市立郷土博物館 二〇〇一年）、福田豊彦・関幸彦編『源平合戦事典』（吉川弘文館 二〇〇六年）

第3章

千葉氏こぼれ話

千葉氏の妻と息女たち

鈴木　佐

千葉氏の歴史において女性に関する文献が極めて少ない。しかし、中世もまた女性が活躍しており、千葉氏発展のために欠かせない存在であった。野口実氏の研究によれば[1]、千葉常胤には娘たちがおり、多気《たけし》氏・宇都宮氏・葛西《かさい》氏に嫁いでいることが判明している。今回、中世の文献だけでなく、江戸期の文献まで拡げて、常胤周辺の女性を紹介したい。

■常胤の妻や側室たち

①秩父重弘の息女　常胤の妻は、秩父重弘《ちちぶしげひろ》の息女といわれている。秩父氏は武蔵国郡の領主で、桓武平氏平良文の流れをくむ。重弘の子は畠山重能《はたけやましげよし》、その孫は重忠である。『吾妻鑑』[2]寿永元年（一一八二）八月一八条によれば、重弘の息女については、源頼家の御七夜《おしちや》の儀に陪膳《ばいぜん》の役目を果たした。

②その他の側室「結城氏の息女」「京童《きょうわらべ》の女房」　中世以降に作成された『曾我物語』[3]『義経記』には、常胤と関係ある女性の記載がある。結城氏の息女や常胤が在京の間に、親しくなった京童の女性[4]がいたとする。

鈴木 佐（すずき　たすく）
一九六九年生まれ。千葉県香取市（旧小見川町）出身。地方公務員。千葉氏研究家。（『千葉氏探訪―房総を駆け抜けた武士たち―』千葉日報社二〇〇二年）、（『「東アジアの中の建長寺」村井章介編 勉誠出版二〇一四年、共同執筆）（鎌倉文化研究会発刊『鎌倉』98号から「旧建長寺末寺考」を連載）。

1　野口実編 **「中世人物 京・鎌倉の時代編第二巻 治承～文治の内乱と鎌倉幕府の成立」** 清文堂出版 二〇一四年。

2 **『国史大系』**（吉川弘文館 一九六四・六五年）。

3　校注梶原正昭　大津雄一　野中哲雄 **「曾我物語」** 小学館 二〇〇九年。

常胤妻（秩父氏）位牌
（東京都あきる野市慈勝寺蔵）

※新編武蔵風土記稿[5]及び建長寺史[6]には、常胤の妻秩父氏の伝承がある。東京都あきる野市の臨済宗・慈勝寺である。夫常胤没後に仏門に入り、草庵を結んでいたところ、甥の重忠が聞きつけ、殿堂伽藍《でんどうがらん》を建てさせたと伝える。同寺には位牌が安置され、本堂屋根の裏には「月星」紋が使われている。

■常胤の息女たち

①宇都宮朝綱《うつのみやともつな》の妻　『曾我物語』には、常胤と結城氏の娘との間にうまれた娘が宇都宮朝綱に嫁ぎ、宇都宮女房と言われたという。同書には「芙蓉のまなじり、丹花のくちびる」と描かれている。

②工藤祐経《くどうすけつね》の妻　『義経記』には、常胤が在京中京童と親しくなり、その間には娘がいる。この娘は成長の後、平重盛に仕え、冷泉《れいぜい》の御局《おつぼね》といわれた。「大人シキ人也」と書かれ、のちに伊豆国の御家人・工藤祐経の妻となる。

〈江戸期以降の文献や伝承から〉

③大掾（多気）直幹の妻　「鏑木本千葉大系図」[7]には、

工藤祐経墓（静岡県富士宮市）

4 校注梶原正昭『**義経記**』日本古典文学全集三一　小学館　一九八〇年。

5 編集校訂蘆田伊人『**新編武蔵風土記稿**』第六巻　**大日本地誌大系**　雄山閣　一九八一年。

6 建長寺史編纂委員会『**建長寺史　末寺編**』大本山建長寺　一八八七年。

7『**房総叢書**』第五輯　複製版。

常胤の娘の一人が大掾直幹の室とある。その間には「府中大掾良幹・東条五郎忠幹・真壁六郎長幹」が生まれているとある。大掾氏とは桓武平氏平繁盛の流れをくみ、筑波嶺の広大な領地を開発した常陸国の名門である。

久米御前像と供養塔　法臺寺（埼玉県新座市）

④葛西清重の妻　「続群書類従本　笠井系図」[8]には清重妻に千葉常胤の息女がいる。清重は、下総国葛西地方の領主で桓武平氏平良文の流れをくむ。清重は戦功により、陸奥国に領地を与えられ、「奥州惣奉行」となる。その子孫は一五九〇年代まで現在の岩手県南から宮城県北地域で繁栄する。

⑤実朝の側室・久米御前　埼玉県新座市にある浄土宗・法臺寺。寺伝[9]では常胤の娘で源実朝側室・久米御前が開基とされる。同寺の岩崎信丈師・法翁師の教示によれば、「久米御前の忌日：承久元年九月十四日　世壽：二十五歳　法名：廣澤院殿従二位承山法臺禅定尼　出自：下総国豪族千葉常胤御息女久米子而　鎮守府将軍[10]（ママ）右大臣源家第三代実朝公御台所也」とある。久米御前を中心とする武士の一族（千葉氏の家臣団か）が、同女を弔うために、当地へ定住し、寺院建立に尽力したという。情報提供者は同寺檀家の本多昭次氏からである。

8 『**群書系図部集　第四**』塙保己一　補　太田藤四郎。一九九五年。

9 法臺寺長老信丈師、同寺住職　岩崎法翁師からの教示　法臺寺伝。

10 鎮守府将軍は征夷大将軍の誤記と思われる。

■常胤息女の子孫の伝承
(日向国飫肥藩主・伊東氏　出羽国秋田藩士・真壁氏・常陸国駒滝神社社家・櫻井氏)

鵜戸神宮灯籠・伊東氏奉納
（宮崎県日南市　撮影鈴木佐）

工藤祐経と常胤の息女の間に生まれたのが伊東祐時とされる。祐時は戦功多く日向国（宮崎県）に地頭職を得て、その子孫が下向する。さらにその子孫が江戸時代に日向国飫肥五万一千石の大名となる。同氏は、近世に千葉常胤の伝承を残している。

「日向記」[11]「日向纂記」[12]には、祐経が常胤の婿入りの際、婚礼の席次や引出物として「月星の家紋　妙現（見）の鏑矢」を伝えている。伊東氏は家紋を工藤氏が使用する「庵木瓜」ではなく、「十曜紋」を表紋としている。一説によれば、「千葉介常重から給う」[13]とある。

宮崎県日南市飫肥は飫肥藩五万石の城下町である。飫肥城を中心に武家屋敷が並ぶ。「飫肥城の瓦」「伊東家住宅の瓦」郊外の「鵜戸神宮の灯籠」にも「十曜紋」がみられる。

五所駒滝神社・社家櫻井氏紋
（茨城県桜川市　撮影鈴木佐）

常陸平氏の嫡流・大掾氏は戦国末期まで栄えたが支族の烟田氏や鹿島氏などと共にその大半が天正十八年（一五九〇）から十九年（一五九

11 宮崎県『**宮崎県史叢書日向記**』一九九一年。
12 平部嶠南『**日向纂記**』一八六七年。
13『**新訂寛政重修諸家譜第十四**』一九八五年。

一）に佐竹義宣により、滅亡した。真壁氏は佐竹氏に従い、後に佐竹義宣の羽後秋田転封に従い、江戸時代に秋田藩重臣になった。秋田藩士・真壁氏の系図には、長幹の生母を「千葉介常胤の息女」との記載がある。なお茨城県桜川市真壁には鹿島神宮から勧請した五所駒滝神社がある。その宮司家は櫻井氏といい、真壁氏の分流を名乗り「長幹の生母は常胤息女」との伝承と「千葉氏の家紋」を使用している。

千葉氏こぼれ話

常胤のライバルたち①

上総広常《かずさひろつね》

江澤 一樹

上総広常は上総常澄《つねずみ》の子として生まれた。生年は不詳である。常澄は両総平氏の族長として上総のほぼ全域から下総の一部にかけて広大な支配地を有した人物で、広常はその地盤を引き継ぎ、上総国一宮である玉前神社《たまさき》（一宮町）が鎮座する玉崎荘を本拠として活動していたようである[1]。保元・平治の乱の際には源義朝に味方、義朝の滅亡後は平氏に従うも、治承三年（一一七九）に平氏の有力家人の伊藤忠清が上総介に任ぜられると、平氏との関係は悪化していった。

このような背景の中で治承四年（一一八〇）、源頼朝《みなもとのよりとも》が挙兵し石橋山の合戦で敗れて房総に逃れてくると、広常は千葉常胤とともにこれに協力、その強大な軍事力をもって頼朝の挙兵の成功を決定づけた。

『吾妻鏡』では当初広常は頼朝への協力を渋り、隅田川に至ったところで参陣して頼朝から叱責されたというが、当時の広常の平氏との関係を考えると、遅参は考えづらく、頼朝が上総国府に到着したときにはすでに同道していたとみるべきであろう。

その後、広常は功績をあげ、鎌倉政権のなかでも最大の軍事力を有する実力者として活動した。頼朝の嫡男・頼家が誕生した際には引目役《ひきめやく》（出産のときに邪気を払

江澤 一樹（えざわ かずき）
一九九三年千葉県君津市生まれ。現在、一宮町教育委員会学芸員。千葉歴史学会所属。「里見氏上総国没収の背景についての一考察」（『千葉史学』七十一号、二〇一七年）。

1 広常の居館地としては、高藤山城（一宮町）、大柳館（睦沢町）、布施（いすみ市）に伝承などが残されている。

うために引目を射る役）を務めてもいる。

広常の功績について、ここで佐竹氏討伐を取り上げてみよう。

治承四年十一月、富士川合戦で平氏を破った直後、頼朝はすぐさま西上しようとしたが、広常や千葉常胤らはこれを諫止、まずは関東の安定を図るべきだとして常陸（現茨城県）の佐竹氏を討伐することを主張し受け入れられた。常陸に到着した広常は姻戚関係にあった佐竹義政《さたけよしまさ》を誘い出して謀殺、その後頼朝軍は、金砂城《かなさじょう》（茨城県常陸太田市）に籠った佐竹秀義《ひでよし》を攻め、これを落城させた（金砂合戦）。この際、広常は調略で秀義の叔父である義季《よしすえ》を裏切らせるなど、大きな役割を果たした。

この結果、広常は常陸国内にも勢力を広げた。佐竹氏討伐については佐竹氏と千葉氏・上総氏の間に水運をめぐる対立などがあったようではあるが、広常にとって一つの契機になった戦いであったと位置づけられる。

このように広常は頼朝のもとで活躍の場を広げていったが、寿永《じゅえい》二年（一一八三）十二月、広常は謀反《むほん》の疑いで梶原景時《かじわらかげとき》、天野遠景《あまのとおかげ》によって鎌倉で謀殺された。景時と双六を興じている時に殺されたという。直後に嫡子である能常も自害し、上総氏は所領を没収され没落、遺領は千葉常胤や安達義盛に分け与えられた。謀殺の理由は不遜な振る舞いが多かったためなどともいわれている。

広常の不遜な態度としては、頼朝が三浦半島を訪れた際、広常が頼朝に対して下馬の礼をとらなかったこと、納涼の席の場で水干をめぐって御家人の岡崎義実《おかざきよしざね》と殴り合いの喧嘩を始めそうになったこと、などが挙げられる。いずれも『吾妻鏡』によるもので、どこまで信用していいかは不明である。しかしながら、広常が自らの強力な軍事力を背景に、このような態度を取ったことは十分考えられる話であろう。先述の三浦半島の一シーンでの広常の発言「公私とも三代の間、今だその礼を成さず」に現されるように自立性が高かった広常は、関東をほぼ掌握した頼朝にとって、家人を統制する上で障害となったとみられる。

また、『愚管抄《ぐかんしょう》』には広常が朝廷を疎んじる発言があり、それを「謀反心」とする記述がある。中央政権の樹立を志向する頼朝と東国の自立を目指した広常の間の認識の齟齬も広常の殺害の要因のひとつであったと考えられる。

このように考えていくと、広常の死の翌年に、玉前神社にて生前に広常が奉納した鎧が見つかり、頼朝の武運長久を願う願文が見つかったという一連の経緯についても、見方が変わってくる。広常謀殺を後悔した頼朝が処罰された一族を赦免したといわれているが、彼らが再び歴史の表舞台に立つことがなかったことから見ても、この一連の出来事は広常謀殺の印象を良くするための作為的な出来事（＝芝居）と捉えるべきであろう。

いずれにせよ、上総氏は両総平氏の族長の座から転落し、以後は千葉氏が栄華を極めていく、そのターニングポイントが広常父子の謀殺であったのである。

※本稿執筆にあたり、左記の文献を参考にした。
野口実『中世東国武士団の研究』（高科書店、一九九四年）、同「豪族的武士団の成立」（元木泰雄編『院政の展開と内乱』吉川弘文館、二〇〇二年）、同「千葉氏系図の中の上総氏」（峰岸純夫他編『中世武家系図の史料論（上）』高科書店、二〇〇七年）、宮内教男「金砂合戦と常陸佐竹氏」（高橋修編『実像の中世武士団』高志書院、二〇一〇年）

常胤のライバルたち②

藤原親政《ふじわらのちかまさ》

外山　信司

千葉常胤にとって、下総国内で最大の敵対勢力は藤原親政（生没年未詳）であった。野口実氏の研究によって親政や下総藤原氏について紹介したい。[1]

親政の祖は、藤原兼家の弟で太政大臣も務めた為光である。[2]その五代の子孫に当たる親通《ちかみち》は、山城《やましろ》・下野《しもつけ》の国司（受領《ずりょう》）を歴任し、下総守《しもうさのかみ》となった。保延二年（一一三六）には税の未納を理由に常胤の父常重を逮捕し、相馬郷（我孫子市など）と立花郷（東庄町）を没収した。親通は香取神宮の造営を行うことを条件に下総守に再任され、さらに近衛府《このえふ》の費用を負担して子の親方《ちかかた》を下総守としたのである。こうして二代にわたって下総の国司となった藤原氏（下総藤原氏という）は、下総国内に大きく勢力を伸ばした。親方の兄の親盛《ちかもり》は近衛天皇の皇后藤原多子《ふじわらのたし》に仕えて「下総大夫」と呼ばれ、京都でも活動した。

一方、常胤は源義朝《みなもとのよしとも》に従い、保元の乱（一一五六）に参加したが、平治の乱（一一五九）で義朝が敗れると、「大謀反人義朝朝臣《あそん》年来の郎従等、凡《およ》そ王土に在るべからざる者なり」と言われるまでに勢力が低下した。[3]

親盛の子の親政（親正・親雅とも書かれる）は、崇徳《すとく》天皇の中宮《ちゅうぐう》の皇嘉門院聖子《こうかもんいんしょうし》

1 **「十二世紀における東国留住貴族と在地勢力—「下総藤原氏」覚書—」**（『中世東国武士団の研究』高科書店、一九九四年）。

2 兼家は『蜻蛉日記』の作者（道綱母）の夫としても知られる。

3 永暦二年（一一六一）の「源義宗寄進状案」（『千葉県の歴史 資料編 古代』千葉県、一九九六年）。

（関白藤原忠通《ただみち》の娘）に仕えて皇嘉門院の院庁《いんのちょう》（庶務を司る役所）の役人である判官代《はんがんだい》に任じられた。彼は本拠地としていた千田《ちだ》（多古町）の地を皇嘉門院に寄進して千田庄《ちだのしょう》とし、自分は領家《りょうけ》という荘官として荘園支配を行ったと考えられる。このため親政は「千田庄領家判官代」と称されたのである。

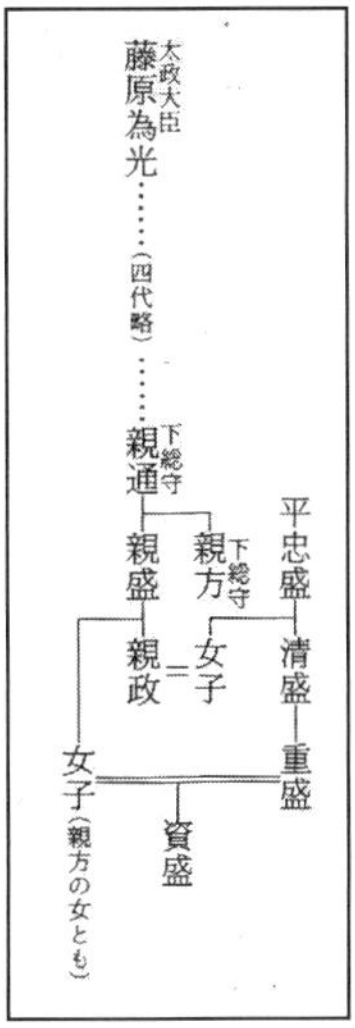

［系図］
平家と下総藤原氏の関係
（野口実『中世東国武士団の研究』より）

ところで、親政の妻は平忠盛の娘、つまり清盛の姉妹であった。清盛と義理の兄弟だったのである。さらに親政の姉妹は二条院内侍《にじょういんないし》と呼ばれ、清盛の嫡男重盛《しげもり》の寵愛を受けて資盛《すけもり》を生んでいる。[4]このように親政は、平家と二重の姻戚関係を結んでいた。『吾妻鏡』には「刑部卿《ぎょうぶきょう》忠盛朝臣の聟《むこ》」で「平相国禅閤《へいしょうこくぜんかく》（清盛）其の志を通はす」とみえる。[5]平氏政権をバックにした下総藤原氏は大きな力を持ったのである。

源義朝の子頼朝が反平家の兵を挙げると、頼朝方として立つことを決した常胤は、子の胤頼と孫の成胤《なりたね》に、平家方の有力者であった目代《もくだい》（国司の代官）を下総国府（市川市）に襲撃させ、その首級をとった。[6]千葉氏にとって頼朝に応じることは、平家方、特に下総藤原氏の圧迫を脱する格好の機会に他ならなかった。

このような状況を知った親政は、千葉氏の本拠である千葉庄《ちばのしょう》（千葉市）を攻撃したのである。『平家物語』の異本である『源平闘諍録《げんぺいとうじょうろく》』には、「平家の方人《かとうど》」であっ

4 親方の娘とする史料もあるが、親方の没後は叔父親盛に養育されたためと考えられる。

5 治承四年（一一八〇）九月十四日条（『新訂増補国史大系』吉川弘文館、一九八七年）。

6 同九月十三日条。

た親政は「吾当国に在りながら、頼朝を射ずしては云ふに甲斐なし。京都の聞えも恐れ有り。且《かつ》うは身の恥なり。」と言ったとみえる。[7] 同書によれば、親政は平家のシンボルである赤旗を指して、匝瑳《そうさ》北条の内山の館《たち》（匝瑳市）を出て千葉へ向かった。親政の軍勢は千田庄内の原氏・金原氏・粟飯原氏などからなる一千余騎に上った。彼らは「前千葉介太夫常長」の子孫であったが、千葉氏の同族も下総藤原氏に従っていたのである。

親政軍は、東京湾に面した結城浜《ゆうきはま》（千葉市中央区神明町・新宿町・寒川町付近）で千葉氏側と激突し、敗北した。結城浜合戦である。『源平闘諍録』や「千学集抜粋」などによれば、妙見が出現して千葉成胤を助けたとされる。[8] 親政は千田庄次浦《つぎうら》の館（多古町）に敗走したが、内山の館や次浦の館を拠点とした下総藤原氏は匝瑳郡や千田庄に強固な地盤を築き、千葉氏の同族もその配下にあったのである。

示現した妙見と生け捕りになる千田判官
（笹屋屏風、部分、江戸時代、
市立市川歴史博物館蔵）

結城浜合戦古戦場（白幡神社）
結城稲荷と呼ばれたが、頼朝が白旗を奉納したと伝えられる。

親政は捕らえられ、下総国府で「囚人」として頼朝の前に引き出された。これは常胤が下総藤原氏を打倒して下総支配を確立したことを示すセレモニーであった。その後の親政の消息は不明であるが、千田庄は千葉宗家の重要な所領となり、原氏など千田庄の武士たちはその家臣となるのである。

7 福田豊彦・服部幸造全注釈『源平闘諍録 上・下』講談社学術文庫、一九九九・二〇〇〇年。

8 「千学集抜粋」は黒田基樹他編『戦国遺文 房総編補遺』東京堂出版、二〇一六年に所収。

軍記・史伝の中の常胤

久保　勇

■常胤像の主流

ここでは千葉常胤に関して史料から得られる人物情報以外の部分、つまり「常胤がどのような人間として語り継がれきたか」という側面について紹介してみる。まず、生誕から九〇〇年、長い時間と多くの人々に語り継がれてきた人物像（イメージ）は、概《おおむ》ね『吾妻鏡』と『源平盛衰記』[1]によって形成されてきた。両書が江戸期に板本として流布した事実はもとより、明暦二年（一六五八）の林羅山『本朝百将伝』以降に続く「百将伝」作品、正徳二年（一七一二）の新井白石『読史余論《とくしよろん》』、文政一〇年（一八二七）の頼山陽《らいさんよう》『日本外史』、明暦三年から編纂され明治三九年（一九〇六）に完成した彰考館編『大日本史』[2]といった、江戸の代表的歴史書が両書を参照していることから明らかである。以上を踏まえ、近世以前、人々が受け継いでいった常胤の人物像のひろがりをみていきたい。

『本朝百将伝　坤』
（国立国会図書館ウェブサイトから転載）

■『吾妻鏡』にみる常胤

『吾妻鏡』には常胤が感情を露《あら》わにしている記事が二ヶ

久保 勇（くぼ いさむ）
一九六八年神奈川県生まれ。千葉大学大学院人文科学研究院准教授。中世文学（軍記物語）研究。主要研究に『「千葉氏」と市民に関する研究—近現代の「千葉氏」受容をめぐって—』（千葉大学、二〇一八年）、論文「十三世紀末の紀州地域と「伝承」—延慶本『平家物語』・湯浅氏・無本覚心」（『根来寺と延慶本『平家物語』・紀州地域の寺院空間と書物・言説』勉誠社、二〇一七年）など。

1 げんぺいじょうすいき。四八巻。読み本系に分類。諸本中、記事分量が最も多い。一四世紀前半頃の成立とする説が一般化しつつあるが、定説をみない。慶長古活字版、寛永整版本等がある。

所ある。一つは、房総に敗走した頼朝が安達盛長を使者として与力を求めた際[3]である。頼朝の要請にしばし沈黙した常胤だったが、子息胤正・胤頼の催促に応え、「心中、領状《りょうじょう》さらに異儀なし。源家の中絶の跡を興さしめ給ふの条、感涙眼《まなこ》を遮り、言語のおよぶところにあらざるなり」と感極まっている。かつて、保元の乱に源義朝軍へ参軍した常胤にとって、平治の乱で中絶した義朝流の源家再興が悲願であったとうかがわれる部分である。

いま一つは、頼朝の征夷大将軍就任、政所《まんどころ》が設置され、従来の「袖判下文《そではんくだしぶみ》」（頼朝の花押がある文書）から「政所下文《まんどころくだしぶみ》」（政所の役人が連署する文書）への変更に際してである。[4]「政所下文といへるは家司らの署名なり。後鑑《こうかん》に備え難し。常胤分においては別に御判を副え置かれ、子孫末代の亀鏡《ききょう》となすべき」と、意見を強く主張している。常胤が頼朝との主従関係を重視し、それを子孫末代までの証拠かつ模範としようとした強い意思が読み取れる。また、この「袖判下文」には、常胤が「朝威を仰ぎ奉りて最前に参向」し、他の御家人より抽んでて手柄をあげた「合戦の功績」「奉公の忠節」が記されている。『吾妻鏡』の常胤は、義朝・頼朝との主従関係に重きをおく人物として描かれているといえよう。

■平家物語の常胤

一方、多くの諸本バージョンを有する『平家物語』世界[5]における常胤は、読み本

2 水戸藩の徳川光圀が『大日本史』編纂のためにおいた修史事業所。同書の準備段階で『平家物語』諸本を校勘して『参考源平盛衰記』を元禄一五年（一七〇二）に完成させた。

3 『吾妻鏡』治承四年（一一八〇）九月九日条。

4 『吾妻鏡』建久三年（一一九二）八月五日条。

系諸本のテキストにのみ、具体的人間像が描かれる。基本的な枠組みとして、①頼朝挙兵時では三浦介義明《みうらのすけよしあき》・上総介広常《かずさのすけひろつね》と並ぶ御家人として、②頼朝敗走・義明没後には広常と対照される人物として段階的に、位置付けられている点に注目したい。

①について、古態とされる延慶本（第二末・九）の段階で、三浦・上総・千葉三者の与力が、頼朝の運命を決す重要条件として強調されている。頼朝挙兵前、北条時政の助言に「三人だにも」が二度使われていることから明らかである。初度は三人の協力が得られれば周辺諸氏の協力が確実となるという内容、二度目は「是等三人だにも参り候ひなば、日本国は御手の下に思し召すべし」という発言で、この後語り手は「其の詞、一事として違ふ事なかりけり」と、歴史的結末の先取りを厭わず、時政を讃えている。この三氏の認識は『大日本史』編纂にも継承されており、列伝・巻一九一・将軍家臣一に、「平広常・千葉常胤・三浦義明」がまとめられている。延慶本にはないが、『源平盛衰記』（巻一九）では「千葉介経胤・三浦介義明は、その性、義ありて戻らず、その心、信ありて頑《くね》らず」（その精神は道理に適っていて背くことなく、その心は誠実であって誤った考えに固執することがない）と、「義」「信」といった儒教的な価値観を導入し、二人の老将を讃えている。

②については、『吾妻鏡』[6]で頼朝が常胤を座右に召し寄せられ、「司馬《しば》を以て父となすべき」と告げた場面が有名だが、読み本系では広常が並べられ、異なっている。『源平盛衰記』（巻二二）では、三百余騎で上総国府に至った頼朝から常胤・広常

5 成立時から長い期間をかけて本文が流動したため、諸本の種類も多く、本文の異同も大きい。読み本系と語り本に二大別される。教科書や古典文学の全集等で用いられるのが、語り本系代表本文の覚一本（かくいちぼん、一三七一）である。現存最古の書写を伝えるのが読み本系の延慶本（えんきょうぼん、一三〇九～一〇書写の奥書）である。語り本系の頼朝挙兵記事は簡略で常胤は登場しない。

6 治承四年（一一八〇）九月一七日条。

の許に使者が遣わされ、挙兵前から二人が与力を承諾しながら参軍しなかったことを批判するも、「所詮、弘経[7]をもって父とし、胤経をもって母とたのむ。頼朝、天下を知行《ちぎょう》せんや否《いな》や、しかしながら両人のはからひにあり」と、再起に必要な者として広常と常胤が父母に準《なぞら》えられる。延慶本は、両者への批判はなく、「頼朝を世にあらせむ、世にあらせじは。両人が意なり」として、『源平盛衰記』よりも切迫した状況で二人を頼る。このように、頼朝の危機に際して、父母の存在が持ち出されたのは、「みなし子」頼朝という前提があったと考えられる。『平治物語』（下巻）で「去年三月一日、母にをくれ、今年正月三日、父におくれぬ。さだまれるみなし子となり」と頼朝自身が語っている。実際、頼朝が広常＝父・常胤＝母と頼ったという事実があったかも知れないし、読み本系『平家物語』の源にある一本の作者により創造されたのかも知れない。いずれにしても『吾妻鏡』の常胤＝父を史実とみなし、軍記テキストを虚構と断じてしまうのは、中世の伝承世界の豊かさや軍記作者の想像力を考える楽しさを失ってしまう。常胤の「語られ方」を広く見渡す視点が大切だろう。

■常胤の娘たち

読み本系『平家物語』以外の軍記にも、断片的ながら常胤の存在がかたられている。興味深い話題として、常胤がすぐれた娘を有していた話がある。鎌倉に連行さ

7 読み本系『平家物語』では、常胤を「経胤」「胤経」、広常を「弘経」表記しており揺れがある。

れた静御前に舞を舞わせる説得に成功したのが、工藤祐経の妻で、『義経記』[8]（巻六）は「千葉介常胤が在京の時、儲けたりける京童《きょうわらわ》の娘、小松殿の御内《みうち》に、れんぜい殿の御局《おんつぼね》とて、大人しき人にてぞありける」と伝えている。また、建久四年（一一九三）五月、頼朝が那須野での狩りの途上、宇都宮に逗留した際の酒宴で、宇都宮朝綱の女房の歓待に感じ、夫妻にそれぞれ恩賞を与えているが、その女房を『曾我物語』[9]（巻六）は「千葉介常胤が結城腹《ゆうきばら》の娘、今年二十三」と伝えている。いずれも常胤の娘が、東国の御家人に嫁し、頼朝に対して女性の立場から功績をあげる点で共通する。史料的に確認できないが、常胤の子息のみならず娘たちを含んだ一族が幕府に貢献した、という内容であり、軍記ならではの伝承と言えよう。

〈参考文献〉

福田豊彦『千葉常胤』（吉川弘文館、一九七三年）
野口実「千葉常胤 ―列島を転戦した清盛・西行と同い年の東国武士」（同編『中世の人物 京・鎌倉の時代編 第二巻 治承～文治の内乱と鎌倉幕府の成立』清文堂出版、二〇一四年）
日下力ほか編『平家物語大事典』（東京書籍、二〇一〇年）

8 ぎけいき。八巻。作者未詳、成立時期は室町期とするのが一般的。

9 そがものがたり。仮名本は一二巻、真名本は一〇巻、原作者は伊豆・箱根関係の唱導僧か。成立時期は南北朝期とされる。

常胤時代の饗膳
―治承五年正月朔日の垸飯―

濱名　徳順

頼朝が鎌倉で初めて迎えた正月の垸飯《おうばん》役を千葉常胤が務めたことは、頼朝からの信頼の高さや御家人中での人望を物語るエピソードである。『吾妻鏡』の治承四年正月朔日の条に記される有名な話だが、これを基に常胤時代の御馳走を考えてみたい。まずはその記事を読むことから始めよう。

一日、戊申、卯尅、前武衛、鶴岳若宮に参り給ふ（…）事終わって還御の後、千葉介常胤垸飯を献ず、三尺の鯉魚を相具す、又上林下若その員を知らずと云々、

まことに簡略でこれでは素材・料理法など想像することも出来ないが、それでも示唆するところは少なくない。まず、「垸飯」と云う耳慣れない言葉だが、平安時代以来何らかの慶事に際して主人のために家来が祝膳を設えることで、御飯が山盛りにされることからこの呼称が生まれている。鎌倉時代以降は幕府の「年始の垸飯」が主流となって、将軍と御家人が主従の結びつきを再確認し、その関係をより強固にする意義があったとされる。年始垸飯の役は建久四年（一一九三）まで千葉常胤

が独占して務めたのだが、それは彼が財力・軍事力・人格ともに秀でた筆頭御家人と見なされていたからである。

次に「三尺の鯉魚」だが、今日祝膳で主役を成すのは鯛なのに対して、平安～中世には中国にならって鯉を尊んだことが知られる。とりわけ、「登竜門」の伝説があって鯉は出世の象徴でもある。一メートルにも及ぶ巨大な鯉を常胤が持ち込んだのは、頼朝がやがて巨龍となって天に羽ばたくことを期待しつつ、祝膳の豪華さを強調させる演出だったと思う。当然、活きたまま会場に運び込み、包丁式のような派手なデモンストレーションを行って皆に給したに相違ない。とすれば「刺身・洗い」か「なます」だったと考えられる。

最後に「上林下若《じょうりんかじゃく》その員《かず》を知らず」と云う表現だが、これも中国の言い回しで、酒や肴は数え切れないと云う意味である。平安時代の記録から「豊贍《ほうせん》」即ち豊富であるのが垸飯だったようだが、ここでは想像を超えた御馳走が並び、お酒は各種飲み放題と云う状況だったと思われる。

そこでどのような会場で、どのような設えで祝宴が行われたかも考えねばならないのだが、既に治承四年十一月には大蔵郷に頼朝の新亭が出来上がり、十二日には引越の儀式が行われている。これが鎌倉幕府の原型となるもので、当然、こちらが垸飯の会場となったと考えられる。集まった御家人の人数だが引越の儀式に出仕した者が三百人超と記されるので、垸飯の際もこれほどの多人数だったと考えるべきだろう。

このように見てゆくとこの時の料理は中世後期の「本膳料理」のように、作り立ての料理をその都度器を変えて給する会席料理で無かったことは明らかだろう。つまり、数百人が一同に会する大広間にあらかたの料理はみな並べてあったものと考えられる。そもそも会席料理は中国の禅宗寺院の精進料理から発展したもので、禅僧がそうした文化を日本に定着するのは鎌倉時代も中期以降のことと考えるべきである。従って、豆腐・味噌など今日日本料理の大きな部分を占める食材・調味料も常胤時代には無かった訳である。

数百人分の御馳走が大広間に並んだ様子はさぞかし壮観だったろうが、平安期の大規模な宴会料理として記録に残る「大饗《だいきょう》」はこれに限りなく近いものに思える。大饗は大臣や、皇后、皇太子など高位の者が主催する祝膳で、正月や任官のお披露目に行われた。『類聚雑要抄《るいじょうぞうようしょう》』[1]には永久四年（一一一六）に内大臣藤原忠通が自亭東三条殿で行った正月大饗の様子が描かれているが、手元に箸だけでなく匙（スプーン）が置かれているのも興味深い。唐菓子、木菓子、干物、生物、窪坏物、調味料、飯の他に酒、汁物、焼物、茎立などが整然と並んでいる。呼称に耳慣れないものもあり推定も難しいが、具には表のように解釈されている。唐菓子は揚菓子、木菓子は果物、干物は読んで字のごとくだが、魚介類だけでなく鳥肉も含まれる、そして薄切りにして給されているようだ。生物は刺身ではなく膾《なます》であったようで、こ

1『類聚雑要抄』は平安後期の室礼と調度を記した古記録で四巻よりなる。編者は不明だが久安二年（一一四六）頃の編纂と推定されている。「大饗」については第一巻に収められている。大饗の設えについて原本には平面図が所載されるが、後に立体化されている。

れも鳥肉が含まれている。窪坏物は塩辛だろう。とすれば事前に調理して冷めた状態で食べることを前提としているように思える。調味料として塩、酢、醤《ひしお》が用意されているところを見ると、塩辛以外調理に際してさほど凝った味付けはされずにさっと塩を振る程度だったと推定される。注目すべきは野菜がほとんど無いことで、これは普段の食事と祝膳との違いと考えるべきだろう。それから、魚介類が多いことはその後の日本料理に相通じるものがある。仏教による肉食の禁忌が基となって

永久四年（1116）藤原忠道の大饗			治承五年（1181）常胤垸飯
区分	名称	実態、別名	
御飯	飯		同
汁	汁		蛤の潮汁
手元調味料	醤		同
	酒		同
	酢		同
	塩		同
窪坏（しおから）	蝙蝠カワハリ	鯛醤	同
	老海鼠	ほや	同
	海月	クラゲ	同
	コミモムキ	鳥の肉醤	同
生物	蟹		伊勢海老の刺身
	ウニ		同
	したたみ	ナガラミ	同
	石華	トコロテンもしくはカメノテ	同
	サザエ		同
	石陰子	ウニ	ナマコ
	アワビ		同
	白貝		赤貝
	鯛立盛		同
	鱒立盛		生鮭のマリネ
	鯉膾		同
	雉立盛		同
干物	楚割	鯛もしくは鮭	鯛焼物
	干鳥		鴨炙り焼き
	蛸		猪炙り焼き
	鮑置		鹿炙り焼き
木菓子	ヤブ梨		同
	小柑子		同
	干棗		同
	梨子		同
唐菓子	ヒラ		同
	テンセイ		同
	桂心		同
	カッコ		同

いるのだろうが、その割に雉や鴨など鳥肉には抵抗が無かったようである。

さて、これは飽くまで京都における貴族の大饗の例であって、東国の、しかも武士の饗膳はこのままであったとは思えない。そもそも、垸飯は設える者の領国から食材を用意する風習があったようである。流通の未発達な当時の事、もちろん鎌倉周辺で用立てた可能性も否定できないが、それにしても東国特有の傾向があったに相違ない。ここでは常胤が下総から食材を運んで垸飯を務めたと妄想してみたい。

そこで思い浮かぶのはまず、常胤の父常重が大治五年（一一三〇）に伊勢神宮に相馬御厨を立券した時に、土産品として雉と塩曳鮭を献上していることで、[2]今日香取神宮の神饌でも鮭と鴨が重要な部分を占めていることからも、遡上する鮭や冬に脂の乗る鴨や雉などの野鳥が食膳を賑わせたことは間違いないと思う。これらは干物や焼物にしたら今日でもグルメを唸らせる美食である。貝類では九十九里の蛤や上総にはなるがサザエ・鮑の類は千葉の名産品である。古代から珍味として食されるナマコも干物で給されたに相違ない。伊勢海老もこうした祝膳には相応しい。

それから、武士は巻き狩りなどで獣を猟する習慣があり、貴族よりは肉食に慣れていたものと思う。とすれば猪、鹿、野兎などの野獣類が給されても驚く者はいなかっただろう。試しに、これらを炭火で焼いて食べてみたところ今日で云うジビエのローストに近いもので大変に美味だった。

と云う事で、永久四年の藤原忠通の大饗を基に妄想した千葉常胤が頼朝に献じた

2「荒木田延明請文写」（「鏑矢伊勢宮方記」）『千葉縣史料　中世篇　縣外文書』四一九番　千葉県刊　一九六六年。

治承五年正月の垸飯は上記のような献立となった。最後にどのような形で給されたかだが、自分は案外卓の上に直接皿が並べられたのではないかと考えている。大饗の場合、一人一人に膳が設えられた時と大きなテーブルに料理が並び、公卿が椅子に坐って食事した場合があったようだが、三百人ほどと云う人数を考えると、そして鎌倉に頼朝が居を構えて幾ばくも無いことを勘案すると大卓に料理が並んだ蓋然性が高いと思うが実際はいかがだったろうか…。いずれにせよ、鎌倉幕府初めての正月に房総の食材が並んだ様子は千葉県人にとって想像するだけで楽しい。誰かこれを今日に復原してくれないだろうか…。

江戸時代以降の千葉常胤の伝承

鈴木　佐

はじめに

千葉常胤に関わる伝承や遺跡（仏像含む）は、千葉県内外の縁《ゆか》りの地に伝わっている。その多くは江戸期以降に作成された伝記や史料に基づくものであり、中世以前に遡るものは少ない。その史料の検証は必要である。今回は、全国に残る常胤の伝承や遺跡の一部を紹介したい。

■千葉県内の伝承

下総国・上総国（千葉県）は、常胤が信仰し、社殿や仏殿を修復・造営した伝承が多い。その一部を紹介すると香取神宮（香取市）、北斗山金剛授寺（妙見本宮千葉神社）、千葉寺、稲毛浅間神社（以上千葉市）、葛飾八幡宮（市川市）、海隣寺（佐倉市）・経胤寺（酒々井町）、東荘六観音（東庄町・香取市）などがあげられる。千葉市内には常胤が頼朝を迎えたという「君待橋」、頼朝にお茶を献じた「お茶の水」がある。

富里市には「常胤の二本杉」があった。常胤が食事の後に箸を地面に突き刺し、二本の大木に成長した旨が記載されている。この話は、後に民俗学者の柳田国男《やなぎたくにお》により「日本の伝説」[1]中で〃御箸成長〃として紹介している。

■**遺品**

江戸中期に松平定信が編纂した「集古十種《しゅうこじっしゅ》」[2]に〃千葉介常胤下鞘圖〃〃千葉介常胤短刀〃が掲載されている。「蔵未詳」とある。

■**肖像画**

①江戸時代以降の文献に描かれる常胤像

「前賢故実」[3]作者は絵師菊地容斎が編纂

「成田山名所圖会」[4]成田山参詣のために作成。

「笹屋屏風」[5]市川市行徳河岸にあった頼朝・常胤伝説が残るうどん店笹屋の旧蔵品

前賢故実所収
「千葉常胤像」

成田山名所圖会所収
「千葉常胤像」

笹屋屏風の「千葉常胤像」
（協力市川市立市川歴史博物館蔵）

1 柳田國男**『定本柳田國男集第二六巻』**筑摩書房版一九六四年。

2 松平定信編**「集古十種」**。

3 菊池武保**「前賢故実」**一九〇三年。

4 中路定俊**「成田山名所圖会」**一八五八年。

5 **「笹屋屏風」**江戸中期作 市川市立市川歴史博物館蔵。

千葉常胤僧形像
（徳島県徳島市　粟飯原氏蔵）

②千葉氏の末裔及び社寺で保存される常胤像

●徳島県徳島市　粟飯原《あいばら》家

阿波国（現在の徳島県）は千葉氏と関わりが深い。南北朝期に阿波国守護・細川氏の軍監として従ったとされる粟飯原氏がいる。県史編纂作業中に、粟飯原氏蔵の常胤像を発見。高野山の蓮華定院《れんげじょういん》に収められた常胤像を写し取ったもの。

●千葉県旭市飯岡町・海上家

幕末から明治にかけて歌人・海上胤平《うなかみたねひら》の末裔・故海上信胤氏が所蔵。[6] 海上氏は東氏末裔。江戸期には旗本・高力《こうりき》氏の陣代を務め、幕末には歌人で北辰一刀流の剣豪・海上胤平を輩出した。情報提供者は、海上氏末裔の伊藤信彦氏。

●岩手県遠野市　千葉正吾家

岩手県遠野市の六神石神社《ろっこうしじんじゃ》社家。同氏宅に「伝常胤甲冑《かっちゅう》像」が安置。その先祖は千葉豊後《ちばぶんご》。先祖は文治五（一一八九）年に奥州藤原氏が滅亡の際に常胤から豊後に対し、四代泰衡《やすひら》の妻子を守ることと藤原氏残党の監視を命ぜられ、奥州青笹（現在の遠野市青笹）の地に土着したとする。藤原氏の末裔は

伝千葉常胤甲冑像
（岩手県遠野市六神石神社社家
千葉家蔵）

6 鈴木佐編**「千葉氏探訪」**二〇〇二年　千葉日報。

「山蔭姓《やまかげ》」をなのり、豊後の子孫も常胤甲冑像を祀り土着した。情報提供者の千葉隆典氏は岩手県花巻市東和町に十五代続く家系で、葛西氏支流・江刺氏と関連がある。

白馬にのった千葉常胤像
（千葉県成田市　医王寺）

●成田市宝田　医王寺

白馬に乗った常胤像　医王寺は、千葉常胤が、山城国《やましろくに》愛宕神社《あたごじんじゃ》から将軍地蔵尊《しょうぐんじぞうそん》を守本尊として正保年間（一六四四〜四八）に安置。同寺や同地区では将軍地蔵尊を「常胤像」と伝えている。情報提供者は、四街道市の小川和夫氏。同氏は成田市宝田出身で江戸時代に千葉家末裔から「官途状《かんとじょう》」を受領した小川家の末裔である。

これ以外にも、成田山霊光館蔵の常胤像も存在する。

■墓所伝承地

墓は、千葉市内の千葉山という説がある。大日寺には供養塔がある。

また、「江戸名所図会」[7]には、武蔵国橋場（台東区）の曹洞宗総泉寺境内（現在は板橋区に移転）に常胤と貞胤の墓があったというが現存していない。

神奈川県鎌倉市扇ケ谷にある相馬師常のやぐら墓。同市在住の渡辺氏が墓を守っているが、同家の伝承では、師常墓の上の山中にあるやぐら墓（現在歩行困難）が

7 市古夏生・鈴木健一校訂「新訂江戸名所図会5」筑摩書房　一九九七年。

宮城県重文　黒本尊阿弥陀如来
（宮城県亘理町　協力称名寺）

常胤墓といわれ、戦前まで常胤墓としての表示板もあったという。

■各都道府県に残る常胤伝説

①宮城県亘理町《みやぎけんわたりちょう》　浄土宗・称名寺

同町は陸奥《むつ》国《くに》亘理郡亘理郷、常胤の三男武石胤盛の子孫が中世に伝え、居館。この町には亘理武石氏の菩提寺《ぼだいじ》と伝わる浄土宗・称名寺がある。（筆者は若き日称名寺住職・高橋圓明師ご一家の協力をえて研究させていただいた）。本尊の黒本尊《くろほんぞん》阿弥陀如来像は鎌倉期作で宮城県重要文化財に指定。由来[8]は、源頼朝（一説には北条政子）から千葉常胤に賜り、その子・武石胤盛に伝わったとされる。

②群馬県高崎市・榛東村《しんとうそん》

千葉氏の妙見信仰のルーツは上野国《こうずけのくに》（群馬県）の七星山息災寺であるという。現在の高崎市・妙見寺である。この周辺には、常胤ゆかりの遺跡が多い。高崎市総社町・総社神社はその信仰があつく、神社一帯はかつて蒼海城跡《おうみじょうあと》とされ、常胤が居館したという。この館を中心に六人の子供たちが周辺に館を構えたとする。[9]

さらに榛東村には常将《つねまさ》神社や柳沢寺《りゅうたくじ》[10]など常胤祖先の平常将の遺跡が残る。

③静岡県熱海市　誓欣院《せいごいん》

熱海市はかつて走湯（伊豆山）権現で栄えた町である。同市中央にある同院の本尊・

8　宮城県「宮城縣史一三（美術建築）」（財）宮城縣史刊行会一九八〇年。

9　樋口千代松・今村勝一編「上野志料集成」総社記　一九一七年。

10　榛東村誌編纂室「榛東村誌」榛東村　一九八八年。

常胤杉
（静岡県島田市　千葉山智満寺
撮影鈴木佐）

阿弥陀如来は千葉常胤の守本尊と伝えている。[11] なぜこの寺に伝承されたかは詳らかではない。伊豆山権現との関係の中で、伝承されたものではなかろうか。

④神奈川県鎌倉市　浄土宗・蓮乗院

浄土宗大本山・光明寺塔頭に蓮乗院がある。「新編相模風土記稿」[12]によれば、本尊の阿弥陀如来立像は常胤守本尊と伝承される。

⑤静岡県島田市　天台宗・千葉山智満寺[13]

千葉山は山岳宗教の霊場として知られている。源頼朝の崇敬があつく、「千葉太郎経師、千葉之助経胤」に命じて、本堂《ほんどう》七堂《しちどう》伽藍《がらん》を造営したという。以後「千葉山」といわれるようになったという。また、境内には「つねたね杉」「つねもろ杉」という杉の大木があるが、千葉常胤と千葉常師の手植えと伝わるという。常師とは相馬師常のことではあるまいか。

おわりに

その他に、東京都墨田区の牛田神社、足立区の西光寺、茨城県取手市の龍禅寺三仏堂建立や栃木県に残る九尾の狐伝説などにも常胤が出てきているが紙面の関係上割愛する。

11　太田君男「熱海物語」㈱国書刊行会　一九九〇年。

12　「大日本地誌大系二二　新編相模風土記稿」。

13　島田市史編纂委員会「島田市史上巻」島田市役所　一九七八年。

鎌倉の中の千葉氏

外山　信司

六条八幡宮造営注文写（国立歴史民俗博物館所蔵）「鎌倉中」の御家人

「六条八幡宮造営注文写《ろくじょうはちまんぐうぞうえいちゅうもんうつし》」は、六条八幡宮（現在は若宮八幡宮と称して京都市東山区五条橋東五丁目にある。元は下京区西洞院）の造営に関する記録である。[1] 源義家邸の一画にまつられたことを起源とする六条八幡宮は、鎌倉幕府の厚い崇敬と保護を受けていた。

造営記事のうち、建治元年（一二七五）のものは特に注目される。その費用を負担した御家人のリストになっているからである。その額は、三貫から五〇〇貫と差があるが（一貫は銭一〇〇〇文）、その大小は基本的には所領規模に応じていると考えられる。

リストの御家人たちは「鎌倉中」と「在京」、そして「諸国」の三つに区分されているが、

現在の六条八幡宮（若宮八幡宮、京都市東山区）

1 国立歴史民俗博物館所蔵。

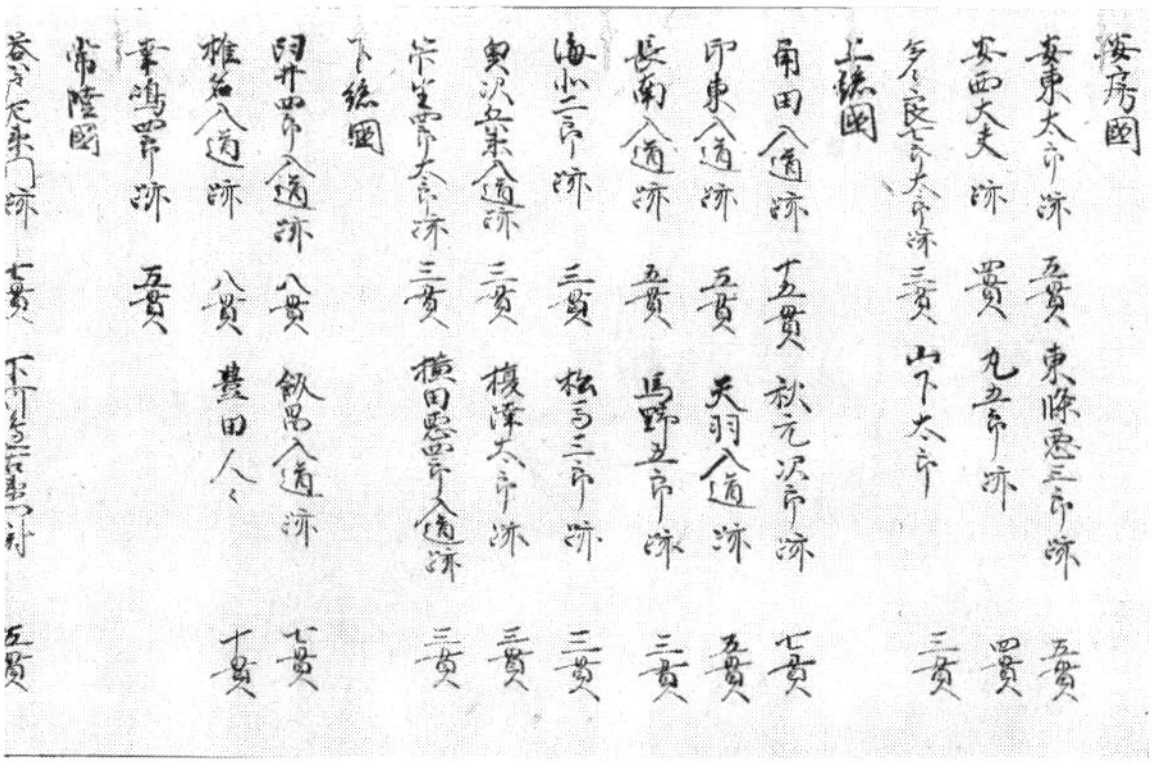

六条八幡宮造営注文写（同館所蔵）「諸国」の御家人から安房・上総・下総

福田豊彦・海老名尚氏の研究によって下総の武士についてみていきたい。[2]

その冒頭は「鎌倉中」で、五〇〇貫を負担した相模守（北条時宗）を筆頭に、一二三人の御家人の名前をみることができる。千葉一族では、千葉介《ちばのすけ》と次郎（千葉頼胤・泰胤）一〇〇貫、相馬五郎（義胤）三〇貫、同六郎（家常）六貫、千葉七郎（遠山方師胤《とおやまがたもろたね》）一〇貫、同八郎（白井胤時）六貫、武石入道（胤盛）二五貫、大須賀四郎（胤信）一五貫、国分五郎（胤通）八貫、東兵衛入道《とうひょうえにゅうどう》（重胤）二五貫、木内下総前司と風早入道（胤朝・胤泰）二五貫が記載されている。人名の後に「跡」という字が付けられているが、造営費用を実際に負担するのが、これらの人物の所領を継承した者であることを示す。

ところで、下総を本領とする千葉一族が「鎌倉中」とされているのはなぜだろうか。「鎌倉中」として記された御家人たちは、「鎌倉に館を持ち、交代で御所内の諸番役を勤めていたのであり、いわば彼らの本籍が『鎌倉中』であった」のである。[3] 千葉

2 『田中穣氏旧蔵典籍古文書』「六条八幡宮造営注文」について」（『国立歴史民俗博物館研究報告』四五集、一九九二年）。

3 前注に同じ。

氏当主をはじめとする千葉一族は、それぞれ下総各地に本領を持っていたが、日常は鎌倉市中に構えた館（屋敷）に住んで、将軍に奉公したり、幕府に出仕していたのであった。また、彼らが「千葉六党」をはじめとする常胤の直系子孫に限られることも注目される。

「在京」とは京都に駐在していた御家人であり、「諸国」とは全国各地の御家人である。彼らは国ごとにまとめられているが、「下総国」では臼井四郎入道（成常）八貫、飯昌入道（高常）八貫[4]、椎名入道（胤光）八貫などがみられる。彼らこそが下総を本籍とする御家人であり、厳密な意味での在地領主であった。しかも、常胤より前に別れた一族ばかりで、常胤の弟胤光を祖とする椎名氏でさえ「鎌倉中」ではなかったのである。

つまり、常胤の子や孫に始まる千葉一族は、下総ではなく鎌倉を本籍とする御家人として位置付けられていたのである。彼らは在地領主というよりも、鎌倉で日常生活を送る「都市的な武士」であった。

鎌倉における千葉一族の屋敷については、『吾妻鏡』建保元年（一二一三）二月十五日条や同元仁元年（一二二四）三月十九日条によって千葉成胤・胤綱の家が「甘縄」にあったことがわかる。また、鎌倉駅西口近くに位置し、豊富な中世遺物が出土したことで知られる千葉地遺跡（鎌倉市御成町）も千葉氏の屋敷跡と伝えられ

4 飯昌は飯高（匝瑳市）を名字の地とする飯高氏の誤記と考えられる。

る。[5] ここからほど近い扇ガ谷の八坂神社（相馬天王と呼ばれる）は相馬師常が創建し、その東側には洞窟（やぐら）があって、その中の宝篋印塔《ほうきょういんとう》は師常の墓として知られる。この付近に師常の邸があったという。[6] これらから千葉一族の屋敷は鎌倉の西側にまとまっていたことがうかがわれる。

なお、千葉常胤・胤正は「弁谷殿《べんがやつどの》」と称されたので、[7] 弁ヶ谷（鎌倉東側の材木座）にも屋敷があったと考えられる。

また、妙隆寺（日蓮宗、鎌倉市小町）は、千葉胤貞の屋敷を日英が寺院としたものである。同寺の二世は「鍋かぶり」として知られる日親である。

5　三浦勝男編『鎌倉の地名由来事典』東京堂出版、二〇〇五年。

6　奥富敬之『鎌倉史跡事典コンパクト版』新人物往来社、一九九九年。

7　「千学集抜粋」（黒田基樹他編『戦国遺文 房総編補遺』東京堂出版、二〇一六年）。

上総千葉氏

江澤 一樹

広常滅亡後、紆余曲折あって連座して失脚した一族は赦免されたといわれているが、彼らは往時の勢力を取り戻すことはなく、表舞台には立てなかった。かわりに上総国の新たな統治者として現れたのが、上総千葉氏である。[1]

広常亡き後、その遺領は千葉常胤に与えられ、玉崎庄（一宮町）を中心とした所領は孫の千葉常秀《つねひで》に与えられた。常秀は元暦《げんりゃく》元年（一一八四）には祖父・常胤と共に九州へ遠征するなどしている。上総介の地位を得て上総氏の名跡を継ぎ、千葉宗家をしのぐほどの地位を築いた。彼に始まる千葉氏系の上総氏を「上総千葉氏」と呼んでいる。

その子の秀胤はさらに栄華を極めた。寛元元年（一二四三）には従五位上に叙され、翌年には千葉氏で唯一評定衆（幕府の政務機関）に列した。千葉宗家を補佐し、千葉一族の代表者として幕府の中枢で活動していたのである。

しかしながら、その栄光は長くは続かなかった。寛元四年（一二四六）、執権・北条時頼《ほうじょうときより》によって前将軍・藤原頼経《ふじわらのよりつね》が鎌倉から追放される（宮騒動）と、頼経の側近であった秀胤は評定衆を罷免され、所領の一部を没収されてしまうのである。

1 本稿執筆にあたり左記の文献を参考にした。野口実「上総千葉氏」（同『中世東国武士団の研究』高科書店、一九九四年、初出一九八四年）、『千葉県史 通史編 中世』（千葉県、二〇〇七年）。

眼蔵寺（長柄町）
寛元年間（１２４３〜１２４７）に秀胤が再興したと伝わる

さらに宝治元年（一二四七）、執権北条氏と有力御家人の三浦氏の対立・抗争に端を発する宝治合戦が勃発し、三浦泰村《やすむら》・光村《みつむら》兄弟ら三浦一族が自刃し滅亡すると、泰村の妹婿にあたった秀胤は北条氏の追討を受けることになる。秀胤は本拠である玉崎庄大柳館（睦沢町）に立て籠もり、火を放って息子を含む一族郎党とともに自害した。これら一連の騒動の根幹には執権北条氏と反北条氏勢力の対立にあり、反北条氏の立場を取った上総千葉氏が滅亡する結果となった。

わずか二代で滅亡した上総千葉氏。その栄華は五〇年足らずでありその遺領は北条氏に接収されたものとみられている。近年の研究で、室町時代にもこの上総千葉氏の系統の一族が存在していたことがわかってきたが[2]、往時の栄華には遠く及ばないものであった。

2 **石橋一展**「享徳の乱前後における上総および千葉一族」（『千葉いまむかし』二十七号、二〇一四年）。

新発見　千葉寺瀧蔵《りゅうぞう》神社の女神像

濱名　徳順

平成二十九年十一月の調査で千葉寺に勧請された瀧蔵神社の神像が千葉常重・常胤時代に遡《さかのぼ》る女神像であることが確認された。以下にその概要を記す。

千葉寺瀧蔵権現女神像　①正面

形状：総髪、髪を背後に長く垂らす。丸顔、朽損が進み面貌は不明。耳を現さない。首には三道相を現さない。袖の長い着物を着て、両腕は前面鳩尾《みぞおち》高で組む。手は袖の中で拱手《きょうしゅ》すると思われる。胸元はV字に合わせて大きく胸を露出する。左地付き近くに突起を持つが、あるいは左足先を現すものかと思われる。

構造・状態：木芯を中央に込めた榧《かや》の竪《たて》一材より全てを彫出する。材は右肘辺に大きな節を持つなど必ずしも優れたものとは言えない。内刳りは施さない。彩色・

漆箔《しっぱく》の痕跡はなく、当初から素地《きじ》像だったものと思われる。全体に朽損が進み、またひび割れも多く、像容の詳細は不明だが、元々彫法は大まかなものであったと思われる。像底は朽損しており幾分か像高が短くなっているものと思われるが、もし左下の突起を足先と見るならば、像底先端は台座との接合に用いられる枘《ほぞ》と考えられる。

備考と考察：像高二尺（六二センチ）の女神立像である。全体に穏やかなアウトラインから作期は平安時代後期と推定される。県内の木彫は、仏像彫刻は小松寺薬師如来立像のように九世紀代まで遡るものもあるが、神像彫刻としては長柄町月川区の伝牛頭《ごず》天王立像等が知られる。いずれも作期は平安時代後期に降ると考えられ、当像は県内の神像彫刻として最古級のものと言える。

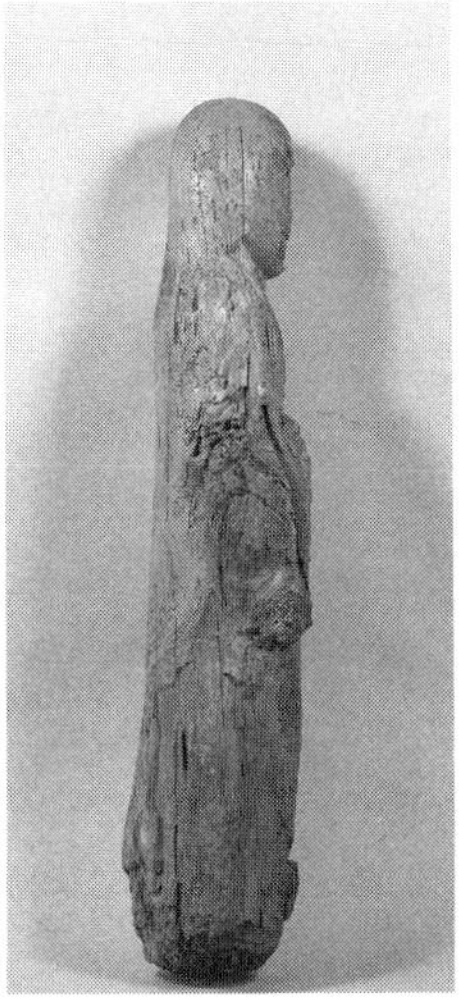
②右側面

③背面

省略の進んだ鷹揚《おうよう》な作風は県内の同時代の仏像彫刻と共通するもので、類例を挙げれば木更津市金勝寺聖観音立像（木更津市文化財）や館山市那古寺千手観音立像（館山市文化財）等がある。これらはいずれも地元産と思われる榧材を利用した一木造・素地仕上げの彫像であり、神像・仏像の違いこそあれ、当像も同じような環境の下に制作されたと見なすことができるだろう。

当瀧蔵権現社が所在する千葉寺は出土瓦の文様から七世紀末〜八世紀初頭頃の創建と推定される古代寺院であるが、一方、境内から出土した銅経筒等経塚遺宝から平安時代後期十二世紀頃に再興されていることが分かる。こうした古代寺院の中世再興に当たってはこの頃勃興《ぼっこう》した在地武士団、とりわけ両総平氏の関与があったものと思われるが、その際『千学集抜粋』等の古記録に大治元年（一一二六）千葉常重が千葉庄を立券したことを伺わせる記述があることが注目される。この頃千葉郡に庄園を立券して、実質的な在地領主となった千葉氏が、地域の由緒ある古代寺院を再興し、その際に守護神を勧請したと云うストーリーが思い浮かぶ。

瀧蔵権現社は『千学集抜粋』に「千葉の守護神ハ曽場鷹大明神、堀内牛頭天皇、結城の神明、御達報の稲荷大明神、千葉寺の龍蔵権現是なり（…）」とあって、既に戦国期には千葉寺の寺内に勧請された守護神と見なされていたことが分かる。瀧蔵神についてては奈良県桜井市に瀧蔵《たきくら》神社があるが、『長谷寺験記』[1]等から古来長谷観音の信仰と習合していたことが分かり、今日でも本地主神として長谷寺観音堂脇にも勧請されている。奈良時代より長谷観音の信仰は名高く、平安後期以降にはその特色ある本尊の姿を模倣した像が日本各地で制作されている。千葉寺の旧本尊は

1『長谷寺験記』鎌倉前期の編纂された仏教説話集で二巻五十二話からなる。筆者は長谷寺聖と推定されている。長谷寺観音の霊験利益談を集成したもので、長谷寺教団が布教・勧進のための資料としたものと思われる。

失われて無いが、現在、南北朝時代頃制作と推定される木造の十一面観音菩薩立像が伝来していて、この像は当初長谷寺の本尊のように右手に錫杖《しゃくじょう》を執り、磐座《いわざ》上に立っていても矛盾のない像容である。

想像を進めれば、平安時代後期衰退していた古代寺院を再興するに当たり、千葉氏は当時隆盛していた長谷観音の信仰を採り入れ、その際に併せて守護神の瀧蔵権現を勧請《かんじょう》したと考えることも出来る。なお、瀧蔵権現の像容について『豊山玉石集』[2]には、三柱が有り「新宮権現」は女体柔和の姿、本地「薬師如来」。「滝倉権現」は老父の形、本地「虚空蔵菩薩」。「石蔵権現」は比丘の姿、本地「地蔵菩薩」とされるが、『長谷寺験記』巻第七には保延四年（一一三八）美福門院《びふくもんいん》が長谷寺に産生祈願で参詣した際に夢告により近衛天皇を懐妊《かいにん》したことが記される。その際の瀧蔵権現は女性の姿で示現しているとされることが注目される。当像が造像された正に平安後期頃には瀧蔵権現を女神とする見方があった訳である。さらに『吾妻鏡』によると千葉庄は八条院領とされるが、八条院こと暲子《しょうし》内親王は美福門院その人と鳥羽院の間に生まれた皇女である。こうした領家の信仰を受けて長谷観音や瀧蔵権現の信仰が千葉庄に導入されたとする説も一考に価しよう。

2『豊山玉石集』武州寶仙寺三十六世祐厳法印が著した長谷寺の資料集である。祐厳法印は江戸中期に長谷寺で活躍した学侶で、その後江戸の名刹寶仙寺の住持となった。

おわりに

『千葉常胤とその子どもたち』刊行によせて

『千葉常胤とその子どもたち』の刊行を心からお喜び申し上げます。

「千葉開府八九〇年」の二〇一六年に、第一回千葉氏サミットの開催を記念して、『千葉一族入門事典』が、文字通り、千葉氏と千葉の歴史に関する入門書として刊行され、千葉市民の方々はもちろん、多くの歴史好きの方々に読まれております。

そして、二〇一八年、『千葉一族入門事典』から派生したシリーズの第一弾として、この『千葉常胤とその子どもたち』が、千葉氏顕彰会のご尽力により刊行されましたこと、誠に意義深く思います。

今年は、千葉市の礎を築いた千葉氏中興の祖と言われる千葉常胤生誕九〇〇年を記念して、第二回千葉氏サミットを開催しました。千葉常胤の六人の息子たちである千葉六党が全国各地に広がり活躍をした地である千葉氏ゆかりの自治体の方々をお迎えし、千葉氏を中心とした連携の取組みや、今後の連携方策などについて、意見交換を行いました。

また、中世史を専門とする大学の先生により、「千葉常胤　六三歳で世に出た人」というテーマで千葉常胤という人物にスポットを当てた講演を行うとともに、各地の有識者により、「千葉氏と妙見祭礼」というテーマで、全国に広がった千葉氏が一族結束の象徴とした妙見信仰に関わる祭礼についてのパネルディスカッションを行いました。

このように千葉市では、二〇二六年の「千葉開府九〇〇年」に向けて、本市の悠久の歴史の中で輝きを放つ「千葉氏」を貴重な地域資源として、都市アイデンティティを確立するために様々な取組みを行っており、この度発行される『千葉常胤とその子どもたち』が、多くの皆様にとりまして、千葉氏に関する歴史や文化について理解を深める大きな機会となるものと期待しております。

結びに、本書『千葉常胤とその子どもたち』の刊行にあたりまして、ご寄稿をいただきました先生方に敬意を表しますとともに、出版にご尽力されました関係各位に感謝申し上げます。

平成三〇年十二月

千葉氏サミット実行委員会名誉会長
千葉市長　熊谷　俊人

協賛者のご紹介

宗胤寺　児玉重夫

千葉レイ子

新渡戸明

千葉勝胤

原豊孝

諸岡靖彦

千葉滋胤

野中輝夫
臼井日出男
戸枝暉諱
千葉勝信
桑原由紀子
㈱フジモト 土屋芳男
千葉恆胤
西野雅人
楢崎正剛
向後会計事務所

上西一幸
千葉豹一郎
自由民主党
千葉県千葉市美浜区第一支部
臼井義通
関 正夫
千葉勇気
金丸純一
松井清子
千葉久

千葉常胤とその子どもたち

千葉氏入門ブックレット 1

発行日　平成30年12月25日発行
編者　千葉氏顕彰会
協力　千葉氏サミット実行委員会
発行人　漆原亮太
発行所　啓文社書房
〒160-0022
東京都新宿区新宿 1-29-14 パレドール新宿202
電話：03-6709-8872
FAX：03-6709-8873
発売所　啓文社
編集協力　村井亮介 雲プロダクション
デザイン・DTP　長島綾女 アイダックデザイン
イラスト　ひがにしん（表紙）
尾野（巻頭）
印刷所　シナノ印刷